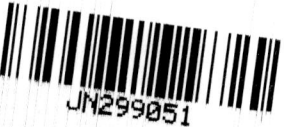

幼稚園・保育園　現場の声から選ばれた

やさしく弾ける ピアノ伴奏
保育のうた12か月

本書の特徴

たなばたさま
作詞：権藤はなよ（補作詞：林 柳波）　作曲：下総皖一
1941(昭和16)年、『うたのほん(下)』に発表された楽曲。ゆったりとしたメロディーからは、
夜空に輝く美しい天の川や、短冊の飾られた笹飾りが風に揺れる様子が思い起こされます。
しゃぼんだま
7月
作詞：野口雨情　作曲：中山晋平
1922(大正11)年、大日本仏教子ども会発行の児童誌『金の塔』に詞が掲載され、後に楽曲
となって『童謡小曲』に発表されました。幼い娘を亡くした野口雨情の切ない詞が印象的です。
56
57

すべての音符にドレミのふりがな

ピアノの練習をする機会がたまたまなかったために、保育園や幼稚園の先生になれない。子どもたちにピアノを弾いてあげられない。そんなことが起こったら、とても残念！　苦手なピアノを得意に変える方法は？　いろいろと考えた、その解決策の１つが、音符のすべてにふりがなを付けること。ドレミがすぐにわからない音符にふりがなを付けるってこと、ありますよね？　それなら、最初からふりがなつきの楽譜があってもいいはず。時間と手間も省けます。ふりがなが不要になったら、音符だけを見て弾きましょう！（ピアノが苦手、から脱するときです）

指番号付きで今すぐ弾ける

指番号についても、従来は楽譜の冒頭、指の位置が大きく動くところ、弾くのがとくに難しそうなところなどに限って付けるのが一般的でした。教育的配慮からの制限？　初心者はどの音符（鍵盤）をどの指で弾けばいいのか一向に自信が持てないまま曲を弾き通し、練習をくり返すことになりがちでした。本書では、同じ３和音のくり返しなど、明らかに不要と思われるところを除き、指番号もていねいに付けています。ただし、手の大きさなどによっては異なる指のほうが弾きやすい場合もあるので、指番号の通りに必ず弾かなくてはいけないというものではありません。

本書の曲のセレクションと配列

生活	元気にあいさつする、名前を言う、かたづける、手を洗う、お誕生日を祝う…園での生活をフォローするうたを4月に集めました。
行事	端午の節句、七夕、中秋の名月などの伝統行事のほかに、園の運動会、いもほり、遠足などの行事も組み込んで曲をセレクト、配列しています。
人気	現在、保育園、幼稚園でもっともよく歌われている人気のうたを可能な限り掲載。発表会でとくに人気の高い曲なども逃さずセレクトしています。
記念日	曲の配列にあたっては、虫歯予防デー（6/4）、世界環境デー（6/5）、時の記念日（6/10）、国際平和デー（9/21）…などの記念日も参考にしています。
あそび	年少組から楽しめるように、身ぶりや手ぶりであそぶうたを積極的にセレクトしています。
卒園	卒園のうたには人気曲がいっぱい。「3月」のページからあふれ出してしまうため、別枠のコーナーをつくって紹介しています。

初心者にも弾きやすいシンプルな伴奏譜

ピアノを始めて間がない人にとって、歌いながら弾くのはなかなか大変なことです。そこで本書では、ピアノの初心者にも弾きやすいことを第一番に考えて、基本の和音とリズムにそって、シンプルな伴奏をつけるように心がけました。

現場で人気の高い曲をバランスよく掲載

いま幼稚園や保育園で広く歌われている、子どもたちにも指導者にも大人気の曲を集めました。だから、わらべうたから、いわゆる定番の曲、アニメのテーマソング、そして卒園などの行事に欠かせない名曲までバランスよく収録しています。

作詞・作曲にまつわるエピソードも

作詞者、作曲家が込めた思いや時代背景などがわかると、曲のイメージがよりふくらみ、「こんな弾き方はどうだろう」と演奏の幅も広がります。子どもたちに伝えたいエピソードが見つかるかもしれません。

コードネームでオリジナル伴奏も

全曲コードネーム付き。コード（和音）をもとにオリジナル伴奏にチャレンジしてみてください。「超ビギナーさん向け！ やさしいピアノ伴奏」（P6）で、その方法をかんたんに解説しています。ギター演奏の際もこのコードは活用できます。

もくじ

STAFF

カバーイラスト・装丁	LaZOO
楽譜制作・DTP	ライトスタッフ
本文デザイン・編集協力	リュクス
編集協力	木村暁朋
本文デザイン・DTP	守屋裕美
本文イラスト	桜井葉子

超ビギナーさん向け！ やさしいピアノ伴奏

弾きやすいポジションで

ピアノを弾くとき、とくに初心者は弾きやすい姿勢を保つことが大切です。ポイントは背筋を伸ばして肩の力を抜き、手首からひじにかけてのラインをほぼ水平に保つこと。この姿勢がピアノ演奏によいとされています。必要であれば、イスの高さを調節します。そして、手のひらに卵をそっと持つようなイメージ(またはグーから半分くらい開いた形)で両手指先が鍵盤に触れるようにします。弾くときは、右図の指の位置で鍵盤を打ちます。手首が鍵盤の手前下に落ちてしまわないようにしましょう。

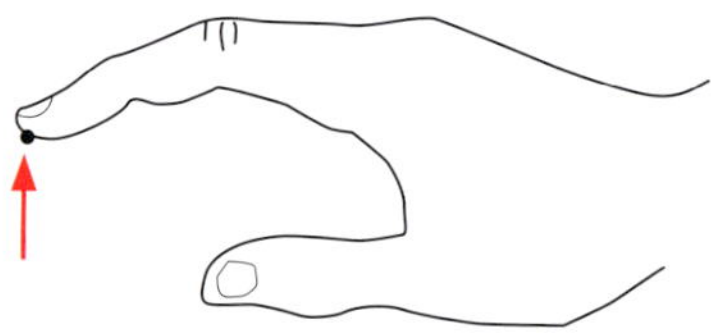

音符と鍵盤の関係はシンプル

ト音記号(右手)・ヘ音記号(主に左手)の音符と鍵盤の関係を覚えましょう。基本はかんたんです。左手で、続けて右手で「ドレミファソラシド」と弾いてみましょう。このとき、基本の指遣い(1オクターブ)もいっしょに覚えましょう。指番号は両手とも、親指:1、人差し指:2、中指:3、薬指:4、小指:5となります。

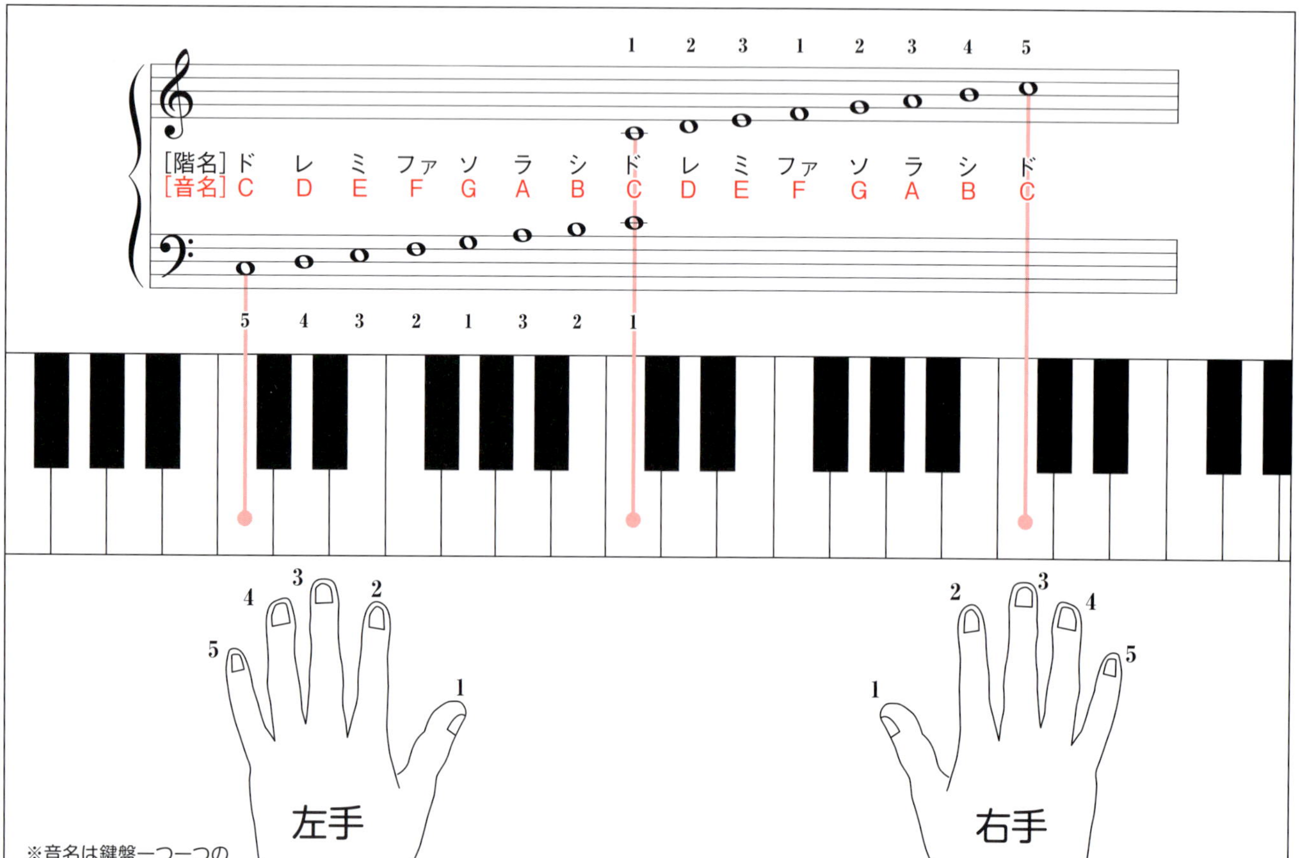

※音名は鍵盤一つ一つの音に付けられた名前のことです。

1音でも伴奏できる

両手で弾くことが難しく感じられるときは、最初に右手、次に左手、そして両手で弾くというように、順番に練習してもいいでしょう。ここでは、１拍ごとに１音（左手）で伴奏する例を取り上げています。へ音記号の場合、とくに最初の音符の階名（ドレミ）が何か、はじめはとまどうかもしれませんが、本書ではすべての音符にドレミのふりがなをつけてあるので安心。曲のカウント（拍子）に合わせながら、ゆっくり弾いてみましょう。どうですか。かんたんですね。

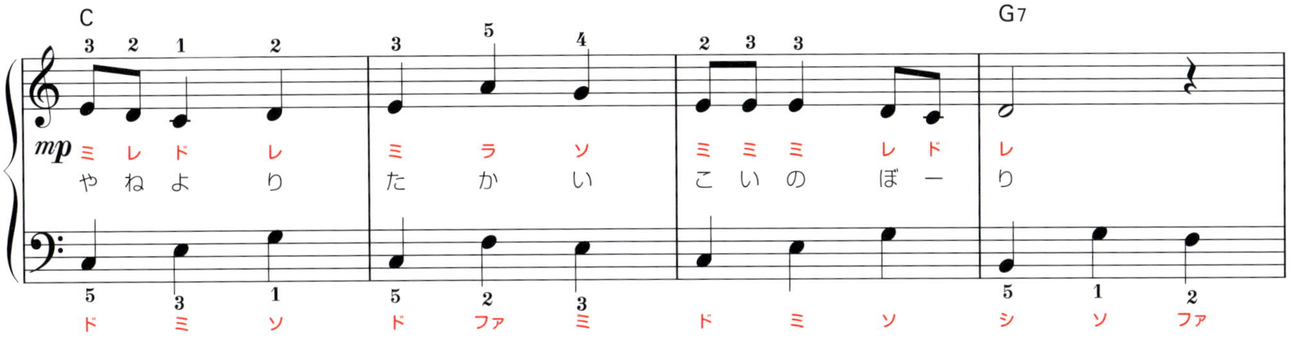

1小節に1回、ジャーン

下の楽譜は、左手で２つの鍵盤（２音）を同時に打つ伴奏例ですが、１小節に１回なので、初心者にも弾きやすいですね。

ところで、１小節目の「F」や、3小節目の「B♭」は何でしょう？　そうです。コード（和音）を示しています。6ページの図でみると、左手のFは、ファの音。この音（根音）にもう１つの音（ラ）を積み重ねて伴奏にしているのですね。B♭についても確かめましょう。左手のBは、シの音（へ長調なので、♭がつきます）。この音にレの音を積み重ねて左手の伴奏にしています。

つまり、左手はテキトーな鍵盤を打つ…のではなく、コードにそって構成されます。上の楽譜の１小節目は、C（ド・ミ・ソ）のコードを１音ずつ弾く伴奏になっていますし、下の楽譜はＦ（ファ・ラ・ド）のコードの２音だけを同時に弾く伴奏になっています。

つまり、本書の楽譜はすべてコード付きですから、コツさえつかめば、あなたも好きな曲に好きな伴奏が付けられる！ということです（コードについては252ページも参照してください）。

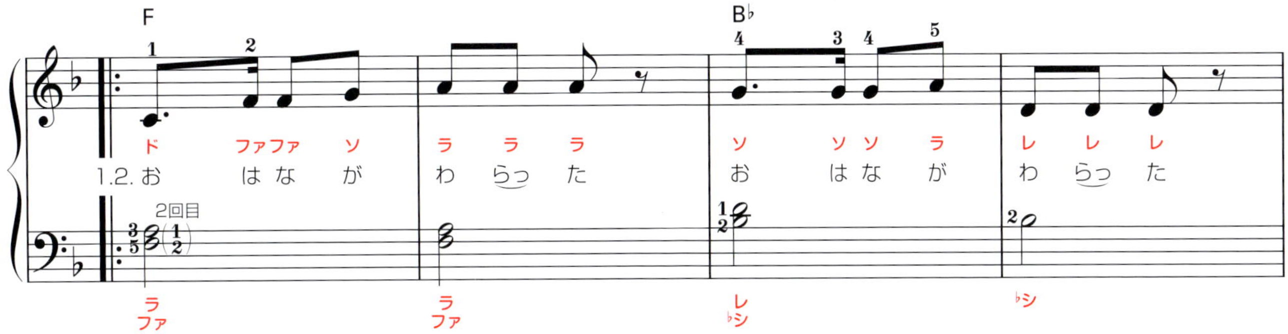

三和音で弾いてみる

下の楽譜のコードはC(ド・ミ・ソ)、F(ファ・ラ・ド)、C(ド・ミ・ソ)と進みます。コードのすべての音を同時に弾く伴奏スタイルです。Fは伴奏では、下の音から順にド・ファ・ラと弾く形になっていて、こういう“並べ替え”は自由に行われます。
3本の指で同時に弾くのは大変？　すぐに慣れます。慣れれば、とても便利な伴奏法です。つまり、コードの音を一度に弾けばいいだけですから、比較的簡単に「自分で伴奏が付けられる」のです。

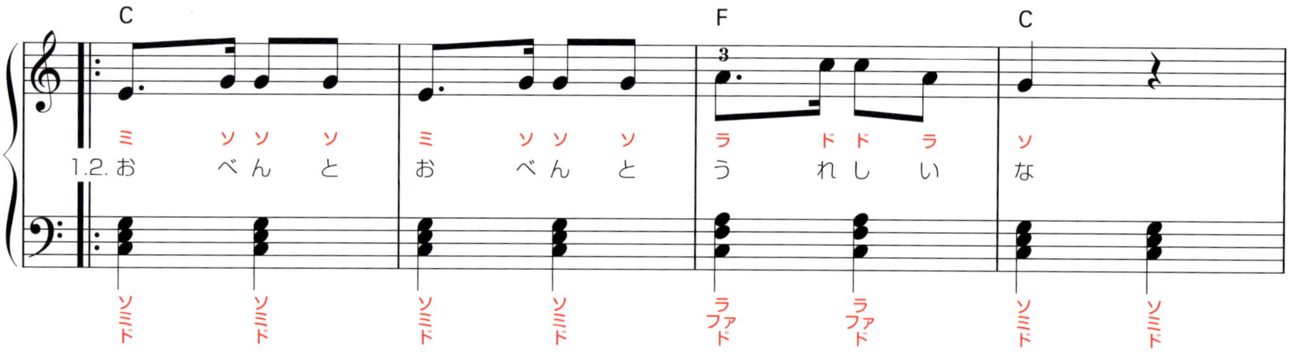

三和音を分けて弾いてみる

三和音の3つの音を同時にジャーンと弾くのではなく、それぞれの音を分けて弾くのも伴奏のしかたとしては一般的です。たとえば、指3本で同時に「ドミソ」の鍵盤を打つのではなく、「ド→ミ→ソ」あるいは「ド→ソ→ミ→ソ」などと弾く方法です。指遣いに慣れれば、こちらのほうが弾きやすいこともあるでしょう。
たとえば下の楽譜は、F(ファ・ラ・ド)の和音を「ファ→ド→ラ→ド」と分けて弾いています。C(ド・ミ・ソ)は2拍ぶんだけなので、「ミ→ド」。F7は「ファ・ラ・ド・♭ミ」というコードです。コードの種類は数多く、さらに学びたい方はコード・ブックなどを購入するといいでしょう。

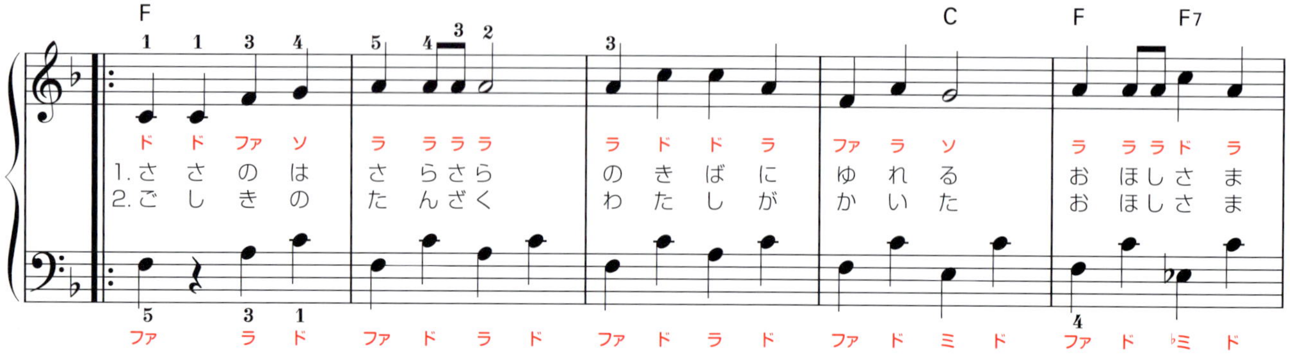

✿両手伴奏もできる

本書に“両手伴奏”の楽譜は載せていません。「やさしく弾ける」ことを第一に考えているためです。また、幼稚園や保育園の園児たちも、新しい曲を歌ったり、日常的に歌を楽しむなら、メロディーを弾いてもらうほうが歌いやすいでしょう。保育者自身が歌いながら両手伴奏をしたり、発表会のために何度も練習をくり返すようなときには、両手伴奏にチャレンジしてみるのもいいですね。

下の楽譜は、右手で三和音、左手で根音を弾く伴奏例です。根音はコードの基になる音。C(ド・ミ・ソ)ならド、G_7(ソ・シ・レ・ファ)ならソです。

この伴奏パターンはほかの曲にも応用できます。「たなばたさま」(56ページ)などで試してみるといいでしょう。

C C C G7
は る が き た は る が き た ど こ に き た
は な が さ く は な が さ く ど こ に さ く
と り が な く と り が な く ど こ で な く
5 3 1
1 1 4

両手伴奏の曲であっても、右手はメロディー、左手は根音(和音を構成している1番下の音)を弾いたりすることもできます。このとき、左手の指を大きく開いて、親指と小指で１オクターブの音を弾いてもいいですね。ときどき、気の向くままにマイ・アレンジを試してみて、とにかく楽しく弾きましょう。

朝のうた

作詞：増子とし　作曲：本多鉄麿

クリスチャンで保育園園長を務めた増子としが作詞を、お寺の住職で幼稚園園長でもあった本多鉄麿が作曲を担当しました。元気に朝のあいさつができる１曲ですね。

♩=100
1.2.3.せん せ い お は よう み な さ ん お はよう
おはなも にこにこ わらって います
ことりも チッチと うたって います
ウサギも ぴょんぴょん おどって います
お ー は よう お は よう ー

あなたのおなまえは

作詞：不詳　作曲：インドネシア民謡

名前を元気に言えるようになって欲しい、みんなと仲良くなって欲しい。そんな願いのこもる、あいさつソング。♪あらすてきなおなまえね〜と言われたら、だれだって嬉しくなります。

＊1 フェルマータ（fermata）音符または休符を十分に延ばす。延長記号

あくしゅでこんにちは

作詞：まど・みちお　作曲：渡辺 茂

入園時、新しいお友だちや先生と仲良くなるきっかけには最適の歌。作詞のまど・みちおは北原白秋に認められた詩人で、童謡のほかに各地の学校の校歌まで手がけています。

♩=102
1.て く て く て く て く あ る い て き て あ く しゅ で こん にち は ご き げ ん い か が ー
2.も にゃ も にゃ も にゃ も にゃ お は な し し て あ く しゅ で さよ うな ら ま た ま た あ し た ー

せんせいとおともだち

作詞：吉岡 治　作曲：越部信義

初対面の先生と子どもたちが仲良くなれる１曲。人見知りする子や、初めての環境に不安を感じる子も、歌いながらコミュニケーションをとることで緊張がほぐれます。

♩=128
C7　F　G
C　G　C
1.2.3. せん　せ　いと　お と も　だち　せん　せ　いと　お と も　だち
C7　F　G　1.2.　C　3.　C
あ　ー　くしゅ を　し　よ　う　ギュ　ギュ　ギュ
あ　ー　いさ　つ　し　よ　う　お　は　よう
に　ー　らめっ　こ　し　よ　う　メッ　メッ　メッ

おかたづけ

作詞・作曲：不詳

おもちゃなどで楽しく遊んだ後は、みんなでおかたづけ。この曲を歌えば、整理整頓も遊びのように楽しくなるかもしれませんね。保育園や幼稚園ではおなじみの生活の歌。

おててをあらいましょう

作詞・作曲：不詳

食事の前にきちんと手をあらう習慣づけは、とても大切。この曲を歌えば、子どもたちも手洗いに関心を持ち、進んで手洗い場に立つ気持ちになってくれることでしょう。

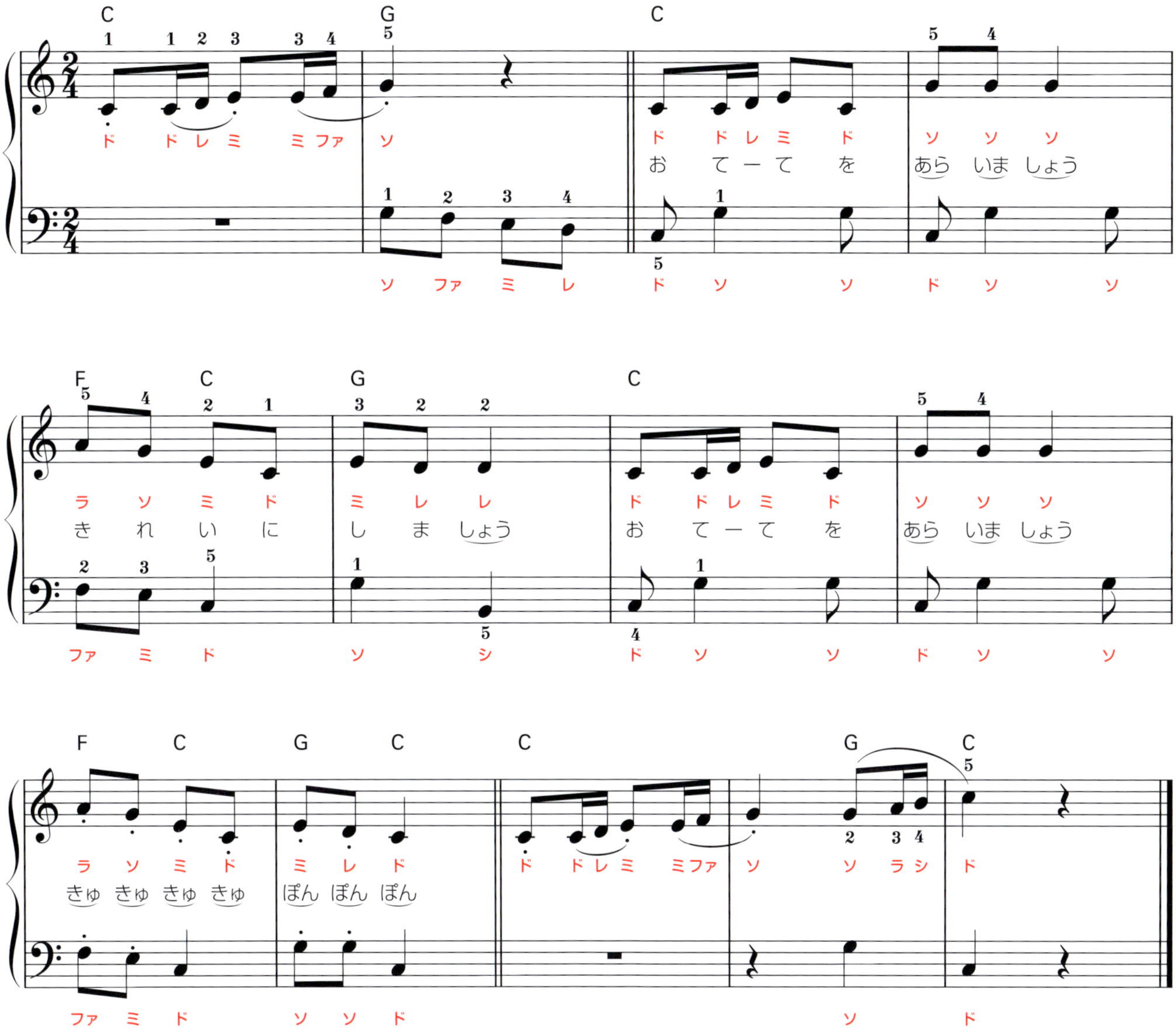

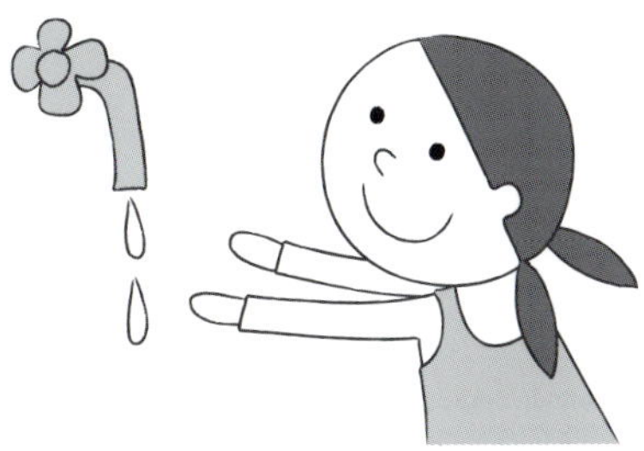

おべんとう

作詞：天野 蝶　作曲：一宮道子

子どもたちのランチタイムに忘れてはならない１曲。１番の終わりで「いただきます！」２番の終わりでは「ごちそうさま！」。大きな声で元気よく！

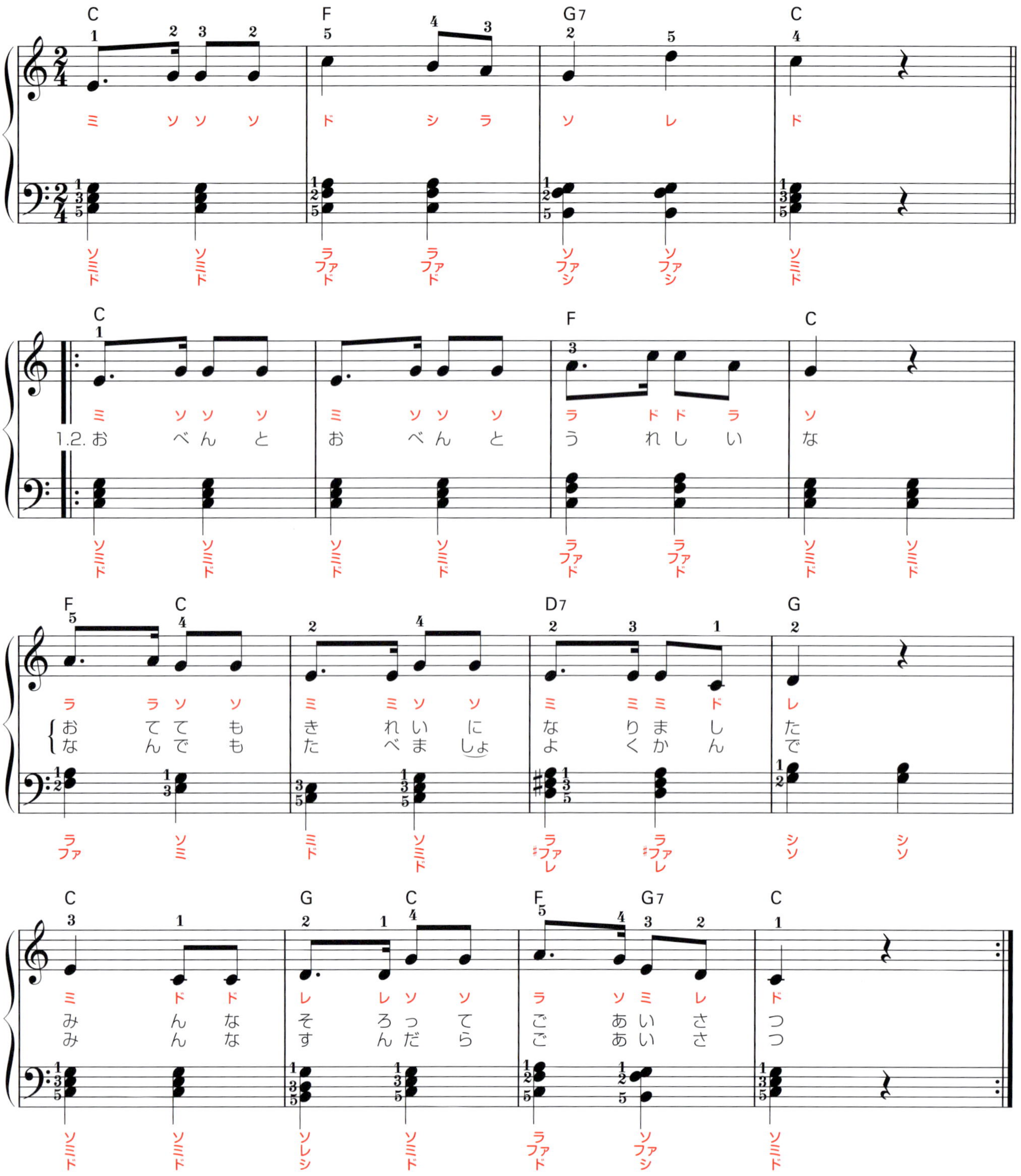

1.2. おべんと おべんと うれしい な
おてても きれいに なりました
なんでも たべましょ よくかんで
みんな そろって ごあいさつ
みんな すんだら ごあいさつ

おかえりのうた

作詞：天野 蝶　作曲：一宮道子

保育教材の資料歌として、広く全国の保育園や幼稚園で、園児たちが帰宅するときに愛唱されている歌です。楽しくふりをつけて歌う園もあります。

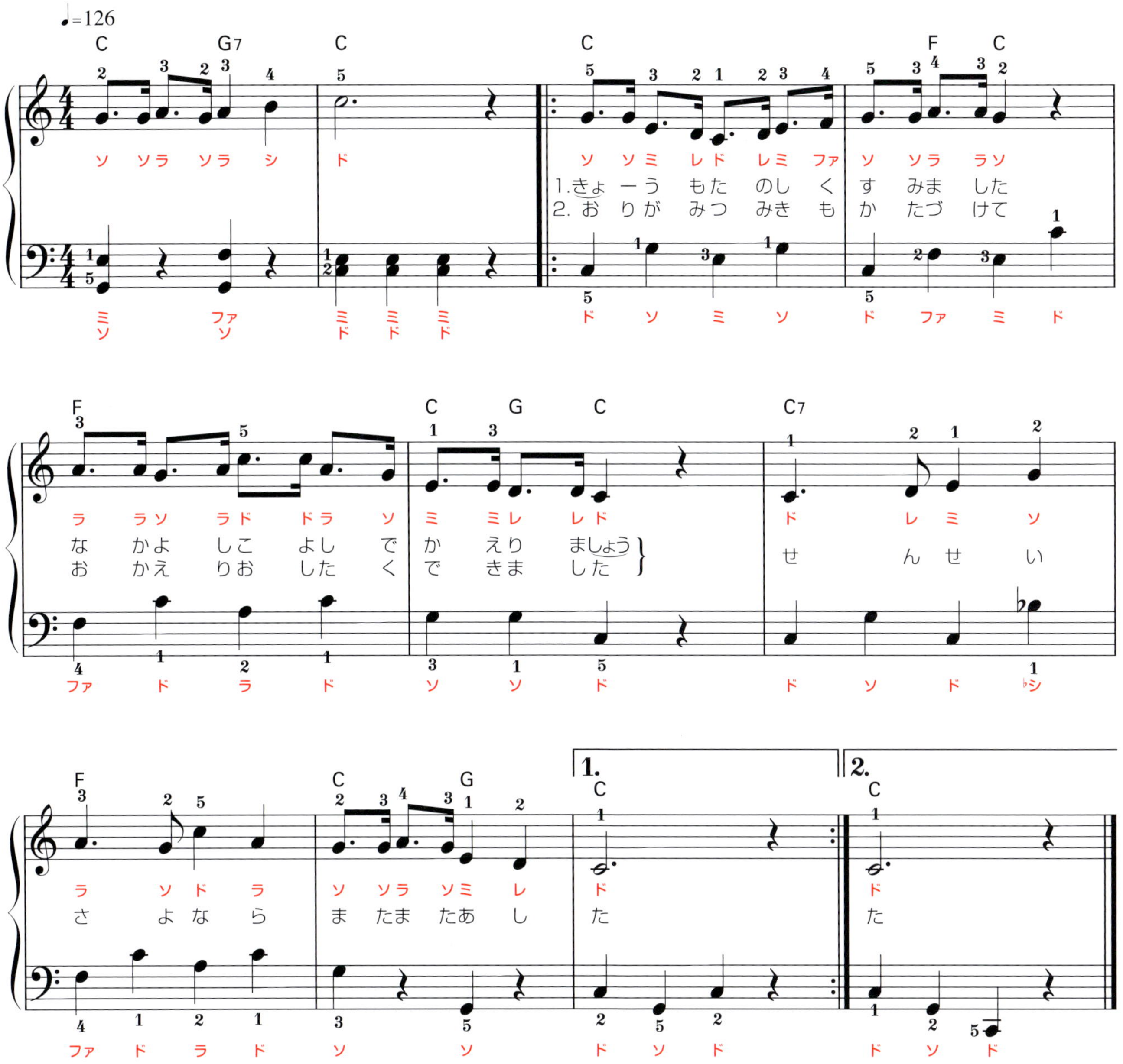

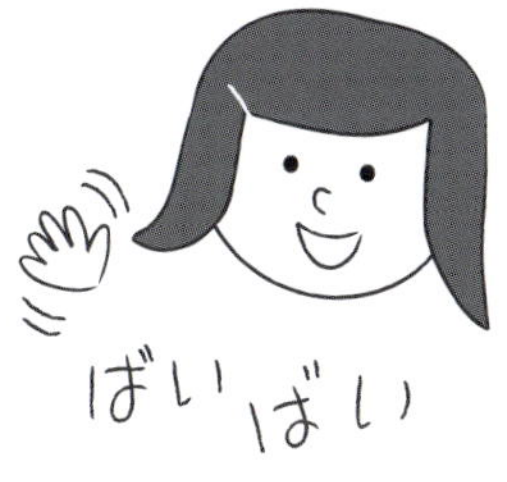

ハッピー・バースディ・トゥ・ユー

作詞・作曲：M.J.ヒル & P.S.ヒル

1893年にアメリカで出版された『幼稚園の歌物語』の中の「Good Morning to All」が原曲。もともとは誕生日を祝う歌ではなく、朝に子どもたちを楽しく迎え入れるための歌でした。

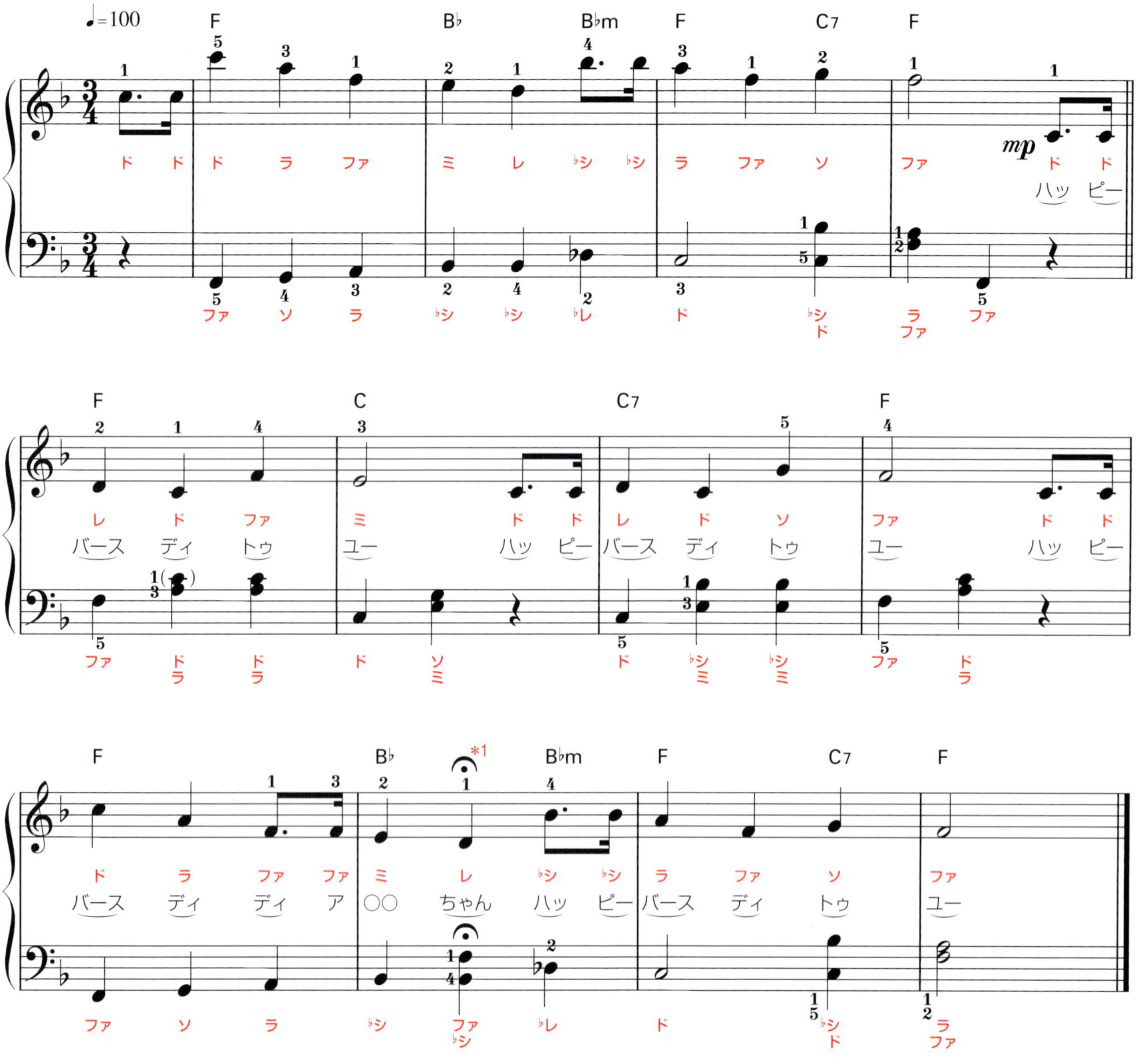

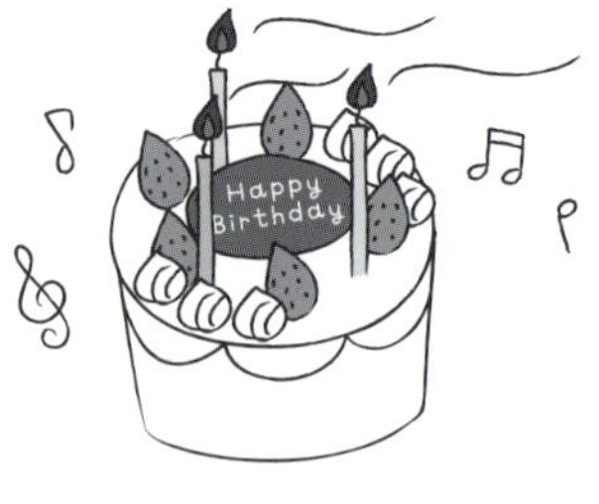

*1 フェルマータ(fermata) 音符または休符を十分に延ばす。延長記号

チューリップ

作詞：近藤宮子・日本教育音楽協会　作曲：井上武士

初出は1932（昭和７）年『エホンショウカ（ナツノマキ）』。近藤宮子は訴訟により作詞者と認められた経緯もあります。年齢を問わず広く知られ、よく歌われている人気の曲です。

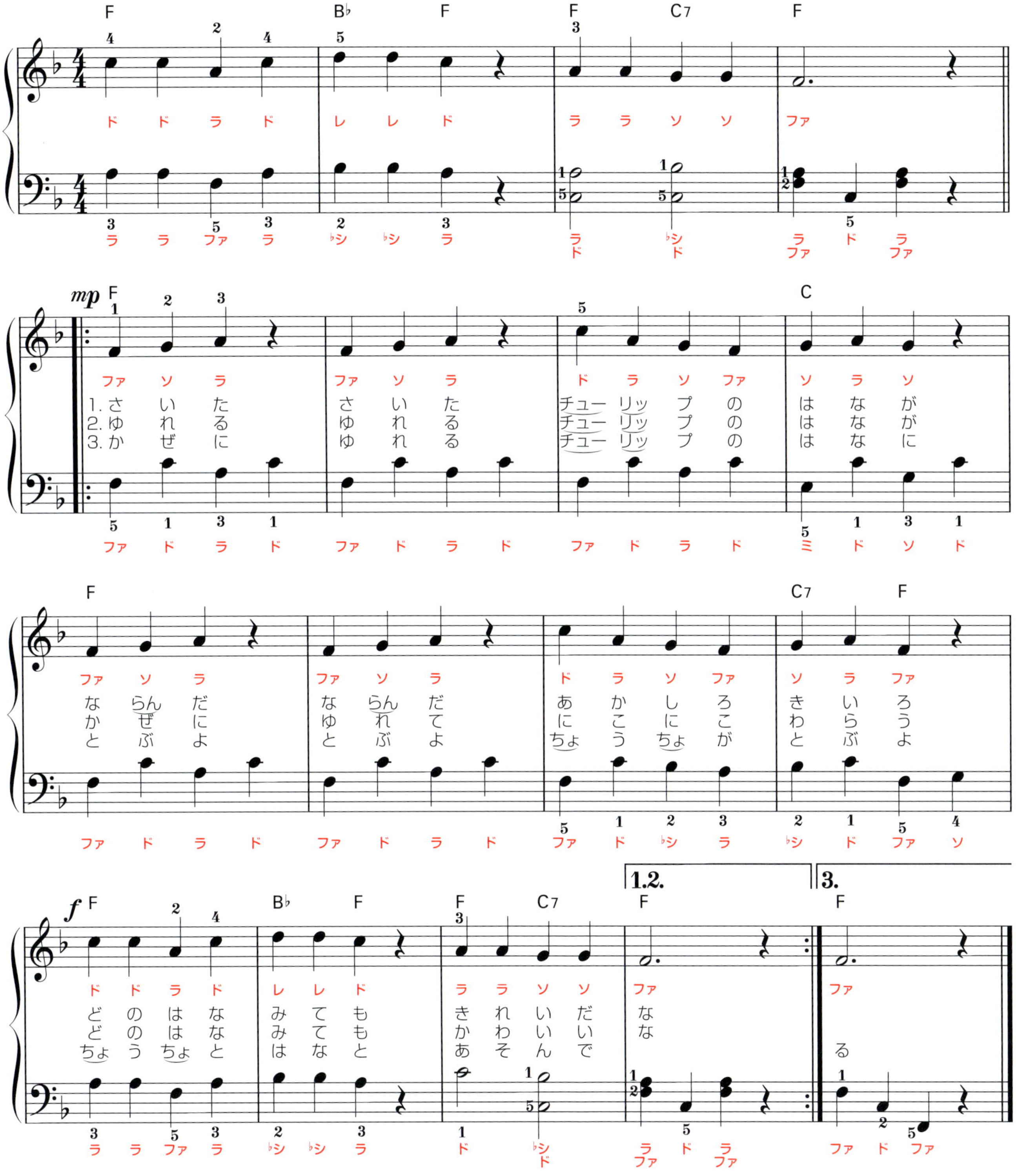
mp
1. さいた　さいた　チューリップの　はなが　ならんだ　ならんだ　あかしろ　きいろ　どのはな　みても　きれいだ　な
2. ゆれる　ゆれる　チューリップの　はなが　かぜに　ゆれて　にこにこ　わらう　どのはな　みても　かわいい　な
3. かぜに　ゆれる　チューリップの　はなに　とぶよ　とぶよ　ちょうちょが　とぶよ　ちょうちょと　はなと　あそんで　る
f
1.2.
3.

おはながわらった

作詞：保富康午　作曲：湯山 昭

紹介されたのは1962（昭和37）年、NHK『うたのえほん』が最初。「おはながわらった」という表現から、パッと花開いた植物が春風に揺れる情景がイメージできますね。

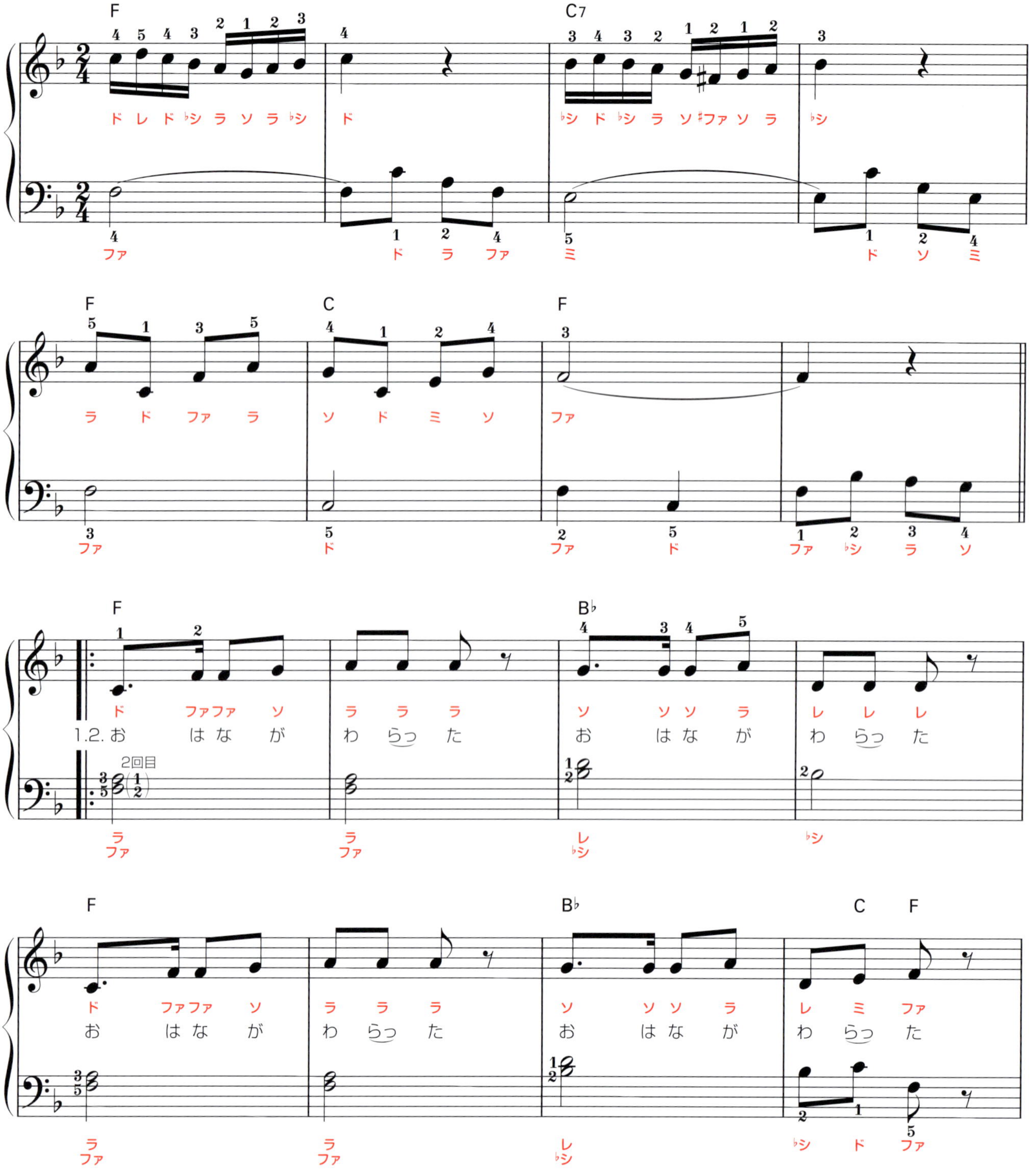

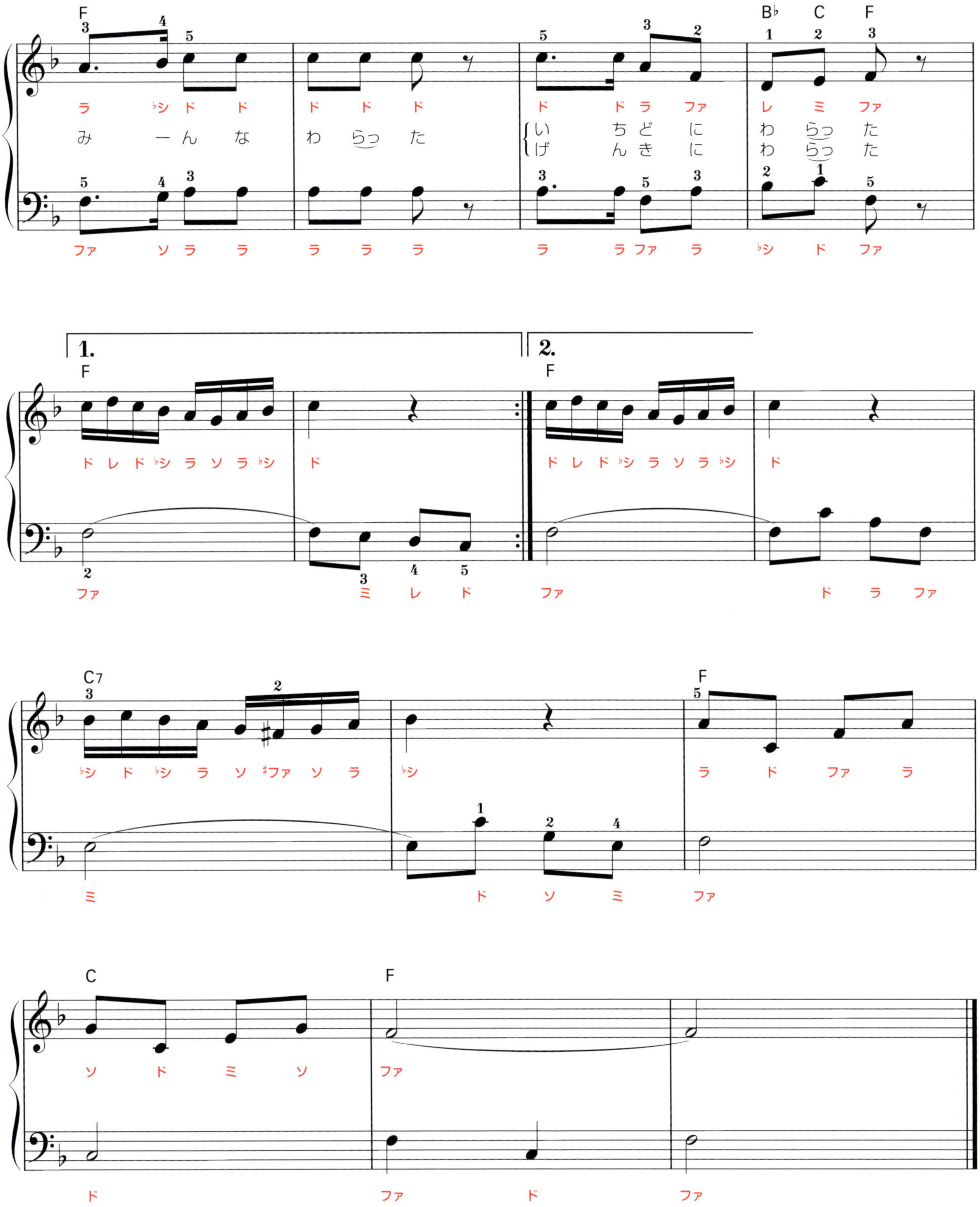
F Bb C F
ラ ♭シ ド ド ド ド ド ド ド ラ ファ レ ミ ファ
み ーん な わ らっ た
いちどに わらった
げんきに わらった
ファ ソ ラ ラ ラ ラ ラ ラ ラ ファ ラ ♭シ ド ファ
1. 2.
F F
ド レ ド ♭シ ラ ソ ラ ♭シ ド
ド レ ド ♭シ ラ ソ ラ ♭シ ド
ファ ミ レ ド ファ ド ラ ファ
C7 F
♭シ ド ♭シ ラ ソ ♯ファ ソ ラ ♭シ ラ ド ファ ラ
ミ ド ソ ミ ファ
C F
ソ ド ミ ソ ファ
ド ファ ド ファ

こいのぼり

作詞：近藤宮子　作曲：不詳

1931(昭和６)年、日本教育音楽協会発刊の『エホンショウカ(ハルノマキ)』に掲載。5月の端午の節句に男の子の健康と成長を祝い飾られる、こいのぼりを描いた歌です。

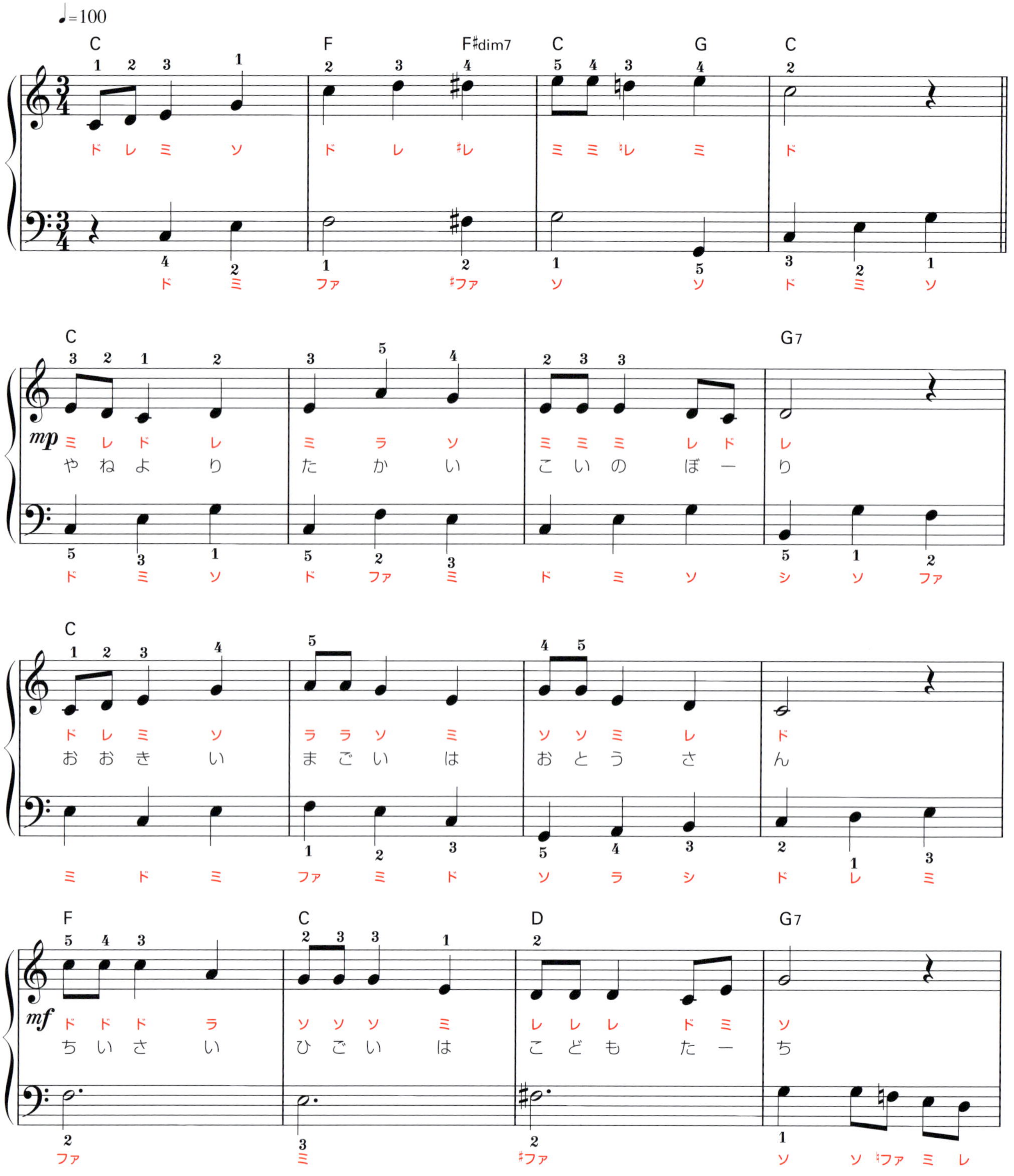

C F C G C
mp
ド レ ミ ソ ド ラ ソ ミ ミ レ ミ ド
お も し ろ そ う に お よ い で る
ド ミ ファ ミ ソ ド ミ ソ
C F F♯dim7 G C
ド レ ミ ソ ド レ ♯レ ミ ミ ♮レ ミ ド
ド シ ♭シ ラ ソ ♯ファ ソ ソ ド

ぞうさん

作詞：まど・みちお　作曲：團伊玖磨

作詞のまど･みちおが詞を作ったのは 1948（昭和23）年。４年後の 1952（昭和27）年、NHK から歌の依頼を受けた團伊玖磨がこの詞に曲をつけ、童謡「ぞうさん」は完成しました。

F　C7　F
F　C
F　B♭　F　G　C7　F
1.　2.
1.2. ぞうさん　ぞうさん
おはなが　ながいのね
そうよ　かあさんも　ながいのよ
だーれが　すきなーの
あのね　かあさんが　すきなのよ

げんこつやまのたぬきさん

作詞：香山美子　作曲：小森昭宏

原曲は中国地方の山間部に伝わるわらべうた。NHK がテレビ放送する際、子どもに親しみやすく歌詞を整理し、改詞を加えました。手遊び歌としてもなじみ深い１曲です。

♩=110
A7sus4
A7sus4
げんこつやまの たぬきさん
A7sus4
おっぱいのんで ねんねして
A7sus4
だっこして おんぶして またあした
*1

＊1 アクセント(accent) 特に強く演奏する

犬のおまわりさん

作詞：佐藤義美　作曲：大中 恩

1960(昭和35)年、音楽雑誌『チャイルドブック』に掲載されたのが最初。迷子のこねこと犬のおまわりさんのやりとりがほほ笑ましい1曲。こねこはどうしたのでしょうか？

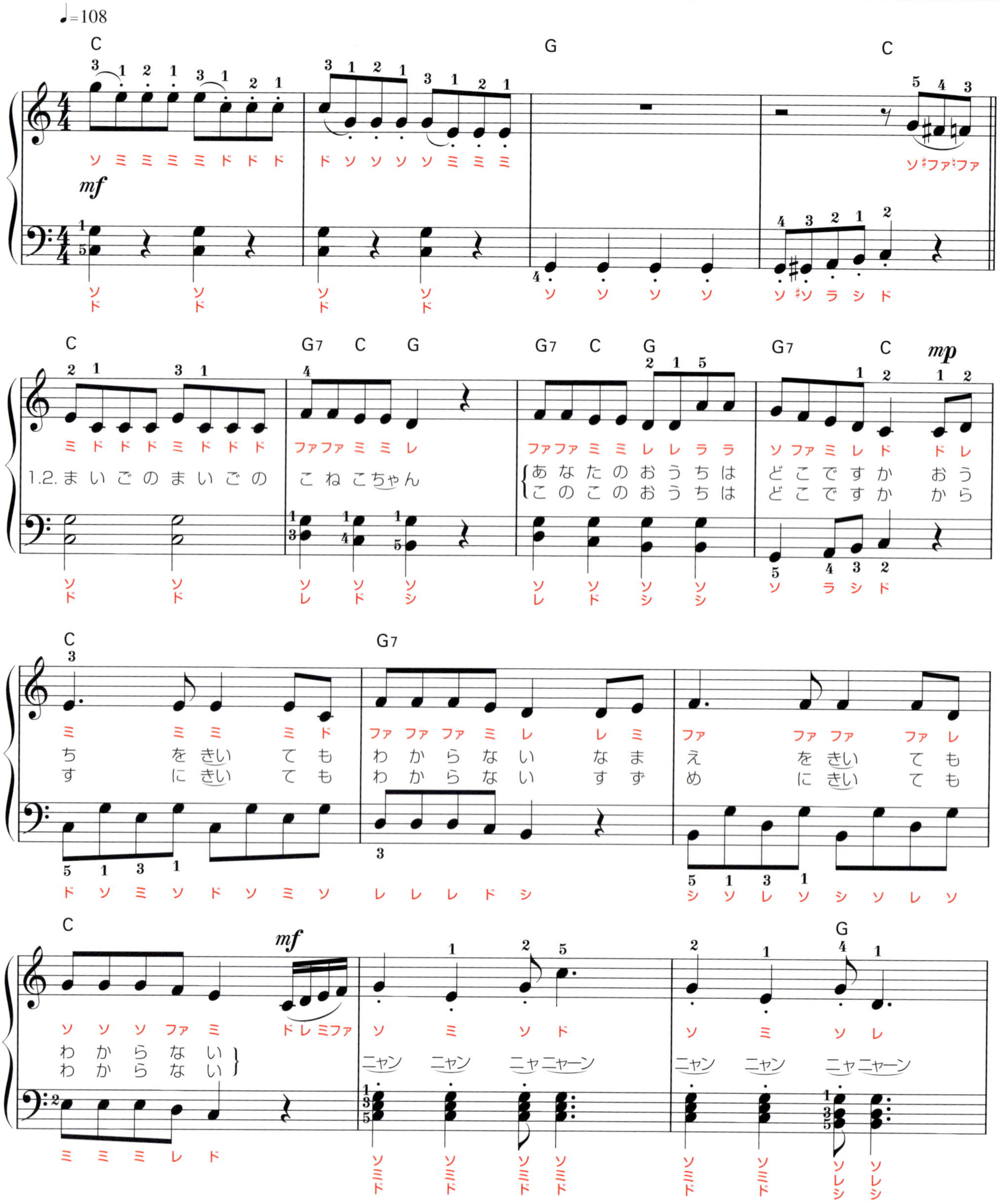

G7 C G D G mp C
レ レ ミ ファ ミ レ ミ ラ ソ シ ラ ♯ファ ソ ミ ソ ソ
ないてばかりいる こねこちゃん いぬの
シ ド レ ド シ レ ソ ファ ミ レ ド ミ ミ
p mf
C Dm7 D7 C D G C
ミ ラ ソ ミ ド レ ミ ド ラ ド レ ミ ド レ ラ ソ レ ミ ド
おまわりさん こまって しまって ワン ワン ワンワーン ワン ワン ワンワーン
ド ミ ラ ソ ミ ファ ♯ファ ソ ソ ♯ファ♯ファ ソ ソ ド ド
C G C
ソ ミ ミ ミ ミ ド ド ド ド ソ ソ ソ ソ ミ ミ ミ ソ ♯ソ ラ シ ド
ソ ド ソ ド ソ ド ソ ド ソ ファ ミ レ ド

さんぽ

作詞：中川李枝子　作曲：久石 譲

アニメ映画『となりのトトロ』(1988年)のオープニング曲。作詞は『ぐりとぐら』などで知られる児童文学作家の中川李枝子、作曲は宮崎駿映画には欠かせない存在の久石譲。

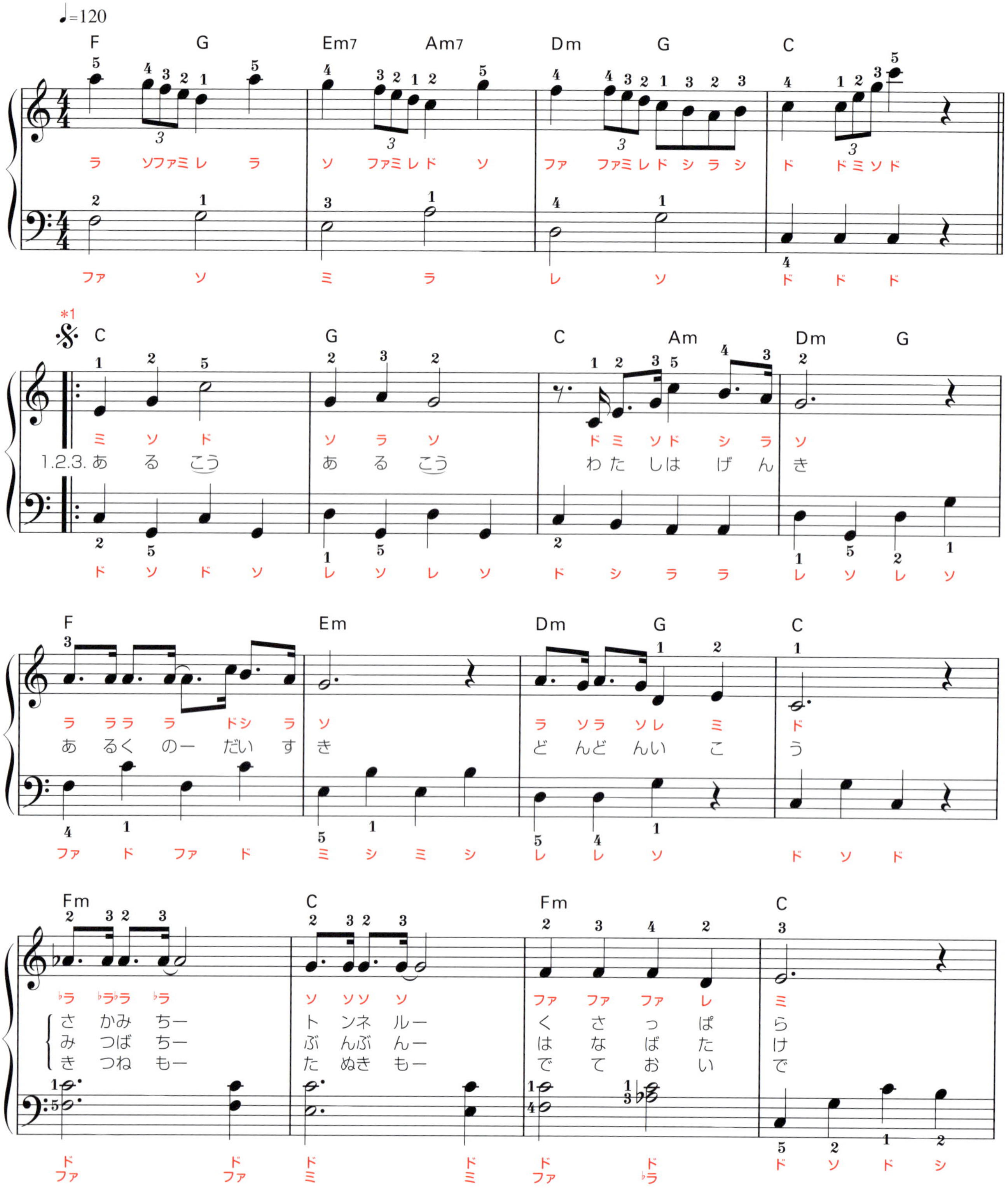

＊1 セーニョ(Segno) D.S. からこの記号に戻り演奏する

＊2 D.S. でくり返されたあと、最後の Coda に進む　＊3 ダル・セーニョ(dal segno) まで戻り、fine またはフェルマータまで演奏する
＊4 D.S. でくり返されたあと、to からとぶ

ぶんぶんぶん

作詞：村野四郎　ボヘミア民謡

ボヘミア民謡をもとに作られた曲で、原曲の作詞者はドイツ国歌となる詩「ドイツの歌」も執筆。日本語で「ぶんぶんぶん」と訳されたハチの羽音は、原曲では「ズムズムズム」。

大きなくりの木の下で

作詞：不詳　イギリス民謡

作者不詳のイギリス民謡をもとにした童謡です。日本に伝わったのは戦後のこと。NHK『うたのおじさん』で動作をつけて歌う姿が放送されて以来、お遊戯歌として定着しました。

グーチョキパーでなにつくろう

作詞：不詳　フランス民謡

だれもがよく知る手遊び歌として名高いこの歌、古くから伝わるフランスの民謡が原曲です。
2010（平成22）年には、引越し会社のテレビCMとしてもなじみ深い歌となりました。

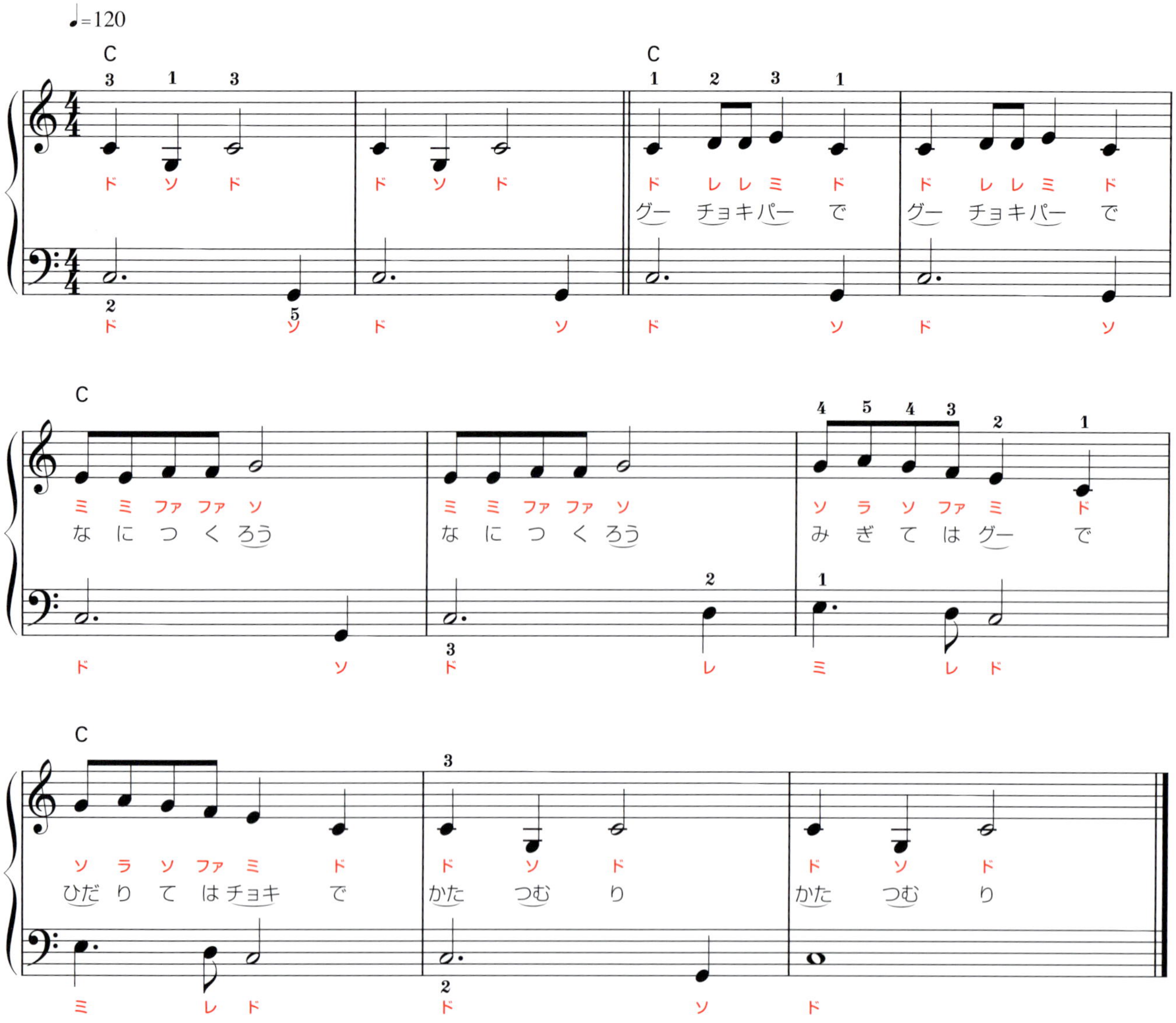

あたまかたひざポン

作詞：不詳　イギリス民謡

頭や肩などに両手を添えるだけのシンプルな手遊び歌。「ポン」では両手を合わせます。「肩」などの名前がわからない低年齢児はもちろん、テンポを速めれば年長児も楽しめます。

こぶたぬきつねこ

作詞・作曲：山本直純

動物のしりとりを歌詞にした、山本直純の作詞作曲による楽しい名曲。追いかけて歌う「こぶた」や「ブブブー」などの部分は、おもちゃの楽器を鳴らしても楽しいですよ。

手をたたきましょう

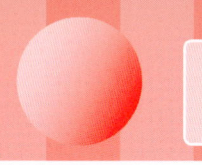

作詞：小林純一　チェコスロバキア民謡

アメリカの幼児教育のための歌が日本に伝わり、幼稚園などで歌われていたのがはじまりです。
手をたたいたり、大きな身振り手振りで詞を表現したりしながら歌いたい1曲。

♩=120
1.2.3.て をーた たー
き まーしょう
タン タン タン
タン タン タン
あ しーぶ みー
し まーしょう
タン タン タン タン
タン タン タン
わ らいま しょう
お こりま しょう
な きーま しょう
アッ ハッ ハッ
ウン ウン ウン
エン エン エン
アッ ハッ ハッ　アッ ハッ ハッ　アッ ハッ ハッ
ウン ウン ウン　ウン ウン ウン　ウン ウン ウン
エン エン エン　エン エン エン　エン エン エン
あ あ お も
し ろ い

パンダうさぎコアラ

作詞：高田ひろお　作曲：乾 裕樹

歌詞に合わせ、「おいで」は手招き、「パンダ」は目の縁の黒、「うさぎ」は耳、「コアラ」は木に抱きつく身ぶりをして遊びます。NHK『おかあさんといっしょ』に何度も登場しました。

C
ラ ラシ シド
ラ シ ド ソ
ド ドミミミソ ソ
パンダうさぎコアラ
ミ ド
ド ドミミミソ ソ
(パンダうさぎコアラ)
ミ ド
Dm
レ レファファファラ ラ
パンダうさぎコアラ
ファ レ
レ レファファファラ ラ
(パンダうさぎコアラ)
ファ レ
C
ド ドミミミソ ソ
パンダうさぎコアラ
ミ ド
C
ド ドミミミソ ソ
(パンダうさぎコアラ)
ミ ド
Dm
レ レ
パンダ
ファ レ
G7
ソソソ
うさぎ
ファ ソ
C
ド ド
コアラ
ミ ド
ド

むすんでひらいて

作詞：不詳　作曲：ルソー

フランスの思想家ルソーが歌劇「村の占い師」のために作った歌が広く欧米各地に伝わったとされています。日本では初の音楽教科書となる『小学唱歌集初編』の掲載が最初です。

F
B♭
C7
ラ ラ ♭シ ド ド レ レ ド
その一 てを うえ にに
しだ にに
ファ ファ ソ ラ ラ ♭シ ♭シ ド ♭シ ラ ソ
mp
F
C7
F
ラ ラ ソ ファ ファ ソ ソ ラ ソ ファ
むすー んで ひら いーて
ドラファ ドラファ ドラファ ドラファ ド♭シミ ド♭シミ ドラファ ドラファ
F
C7
F
ド ド ♭シ ラ ラ ソ ファ ソ ラ ファ
てをー うって むーすん で
ドラファ ドラファ ドラファ ドラファ ド♭シミ ド♭シミ ドラファ

はをみがきましょう

作詞・作曲：則武昭彦

歯磨きに関心を持たせるために歌われます。ちなみに6月4日～10日は「歯の衛生週間」。
歯の正しいケアや疾患予防、早期治療で健康な歯をキープすることを目的にしています。

♩=104
F C G C
C F D7 G
1.2. は を み が き ましょう シュッ シュッ シュッ
C F C F C
ブ ラ シ の た い そ う おいちに おいちに
こ ろ こ ろ う が い も ほ ら ね ほ ら ね
F C G C
じょ う ぶ な は に な れ シュッ シュッ シュッ
まっ し ろ い は に な れ

とけいのうた

作詞：筒井敬介　作曲：村上太朗

1910（明治43）年に『尋常小学読本唱歌』に掲載された同タイトルの文部省唱歌もありますが、こちらの♪コチコチカッチン〜はNHKラジオ『うたのおばさん』で歌われたのが最初。

♩=96
1.2. コ チ コ チカッ チン
お と け いさん
コ チ コ チカッ チン
う ご い て る
こ どもの はりと
こ どもが ピョコリ
お となの はりと
お となが ピョコリ
こんにちは
さよう なら
コチコチカッ チン
さよう なら

大きな古時計

作詞：保富康午　作曲：ワーク

ヘンリー・C・Wが英国で公演中、宿泊したホテルに伝わる不思議な時計の話をもとに書き上げた歌とされます。日本では1962（昭和37）年、NHK『みんなのうた』で放送され話題に。

♩=120
1. お
おきなのっぽのふるどけいおじいさんのとけいひゃくねんいつもうごいていたごじまんのとけいさおじいさんのうまれたあさにかってきたとけいさ
んでもしってるふるどけいおじいさんのとけいきれいなはなよめやってきたそのひもうごいてたとけいさうれしいこともかなしいこともみなしってるとけいさ
よなかにベルがなったおじいさんのとけいおわかれのときがきたのをみなにおしえたのさてんごくへのぼるおじいさんとけいともおわかれ
い

G D G7 C Cm6 G D7 Gsus4 G
ソ ソ ラ シ シ ド シ ミ ラ ラ ソ ♯ファ ソ レ レ
ま は もう うごかない その と け い ひゃく
G Gsus4 G G Gsus4 G
ソ レ レ ミ レ レ シ レ シ レ レ ソ レ レ ミ レ レ シ レ シ レ レ
ねん やすまずに チク タク チク タクお じい さんといっ しょに チク タク チク タクい
G D E7 Am Cm6 G D7
ソ ソ ラ シ シ ド シ ミ ラ ラ ソ ♯ファ
ま は もう うごかない その と け
1.2. 3.
Gsus4 G Gsus4 G G D
ソ レ ソ レ ソ ソ ラ
い 2. な 3. ま い
G7 C Cm6 G D7 Gsus4 G
シ シ ド シ ミ ラ ラ ソ ♯ファ ソ

山のワルツ

作詞：香山美子　作曲：湯山 昭

動物たちが次から次へとやってくる…こんな幼稚園が本当にあったら！　と想像をめぐらせてしまう楽しい歌。大きな動物ほど到着が遅いことに気がついたでしょうか？

*1 アルペッジョ(arpeggio) 和音の各音を同時ではなく、順番に演奏する

＊2 テヌート（tenuto）音符の長さを十分に保って演奏する

すてきなパパ

作詞・作曲：前田恵子

世界のだれよりも偉くて強いパパ、すてきなパパ…。父の日に子どもからこんな歌をプレゼントされたら、お父さんの目がしらが熱くなること間違いなしですね！

F G7 C G C
C G7 C
1. パ パ パ パ え ら い え ら い パ パ
2. パ パ パ パ つ よ い つ よ い パ パ
C A Dm D G
せ か い の だ れ よ り え ら い ん だ
せ か い の だ れ よ り つ よ い ん だ
C G7
お お き な お く ち で わ ら っ た ら
お こ っ た お か お は こ わ い け ど

G7
C
ファ ファ ファ ミ レ レ レ レ ミ ミ ミ ファ ソ ラ シ
かいじゅう みたいに みえるけ ど
ほんとは とっても やさしく て
すて
シ ソ ファ ソ シ ソ ファ ソ ド ソ ミ ソ ド
F
G
C G
1.
C
2.
C
ド ラ ソ ラ ソ ファ ミ ミ レ レ ド ド
きな すてきな パパなん だ だ
ファ ソ ソ ソ ド ファ ミ レ ミ ド

地球はみんなのものなんだ

作詞：山川啓介　作曲：いずみたく

1974（昭和49）～1996（平成8）年にオンエアされたNHKの幼児向け番組『ワンツー・どん』で歌われていました。全国各地の会場で感動の涙を誘う１曲に。卒園式でも歌われます。

C C Dm
ド ミ ミ ♯レ ミ ミ ♯レ ミ ミ ソ ラ ソ ミ ド レ レ ♯ド レ レ ♯ド
う ひ と もと り も む し もケ モノ の は な もさ か な
よ き み もすず め も とん ぼ もゴ リラ も ば ら もく じ ら
ソファ ミ レ ド ソ ソ ソ ド ソ ソ ソ レ ラ ラ ラ
G7 Dm G7 C Dm
レ ファ ファ ミファ ファ ミ ファ ファ ソ シ ラ ソ ファ ミ ミ ファ ファ ソ
も も み ん なおん な じ ち きゅう にい きて る な か ま だー よ
レ ソ ソ ソ レ ラ ラ ラ レ ソ ソ ソ ド ソ レ ラ
C C7 F D7
ド ド ♭シ ♭シ ラ レ レ ド ド シ
ー な ん だ ーっ て ー きょ う だ いー さ
ソ ファ ミ レ ド ソ ド ソ ド ラ ド ラ レ ラ レ ラ
G7 C F D7 G
ソ ド シ ラ ソ ファ ミ レ ド ソ シ レ ド
ー ち きゅ う は み ん な の も の な んー だ
レ ソ レ ソ ド レ ミ ファ ♯ファ ソ ソ
C C F D7 G C
ド シ ラ ソ ファ ミ レ ド ソ ラ シ ド
ー
ド ソ ラ シ ド レ ミ ファ ♯ファ ソ ソ ド ソ ド

かえるの合唱

作詞：岡本敏明　ドイツ民謡

ドイツ民謡をアレンジし、日本語詞を合わせた文部省唱歌です。後半のかえるの鳴き声に「ケケケ…」や「ケロケロ…」、「ゲゲゲ…」など地方色があらわれる点がユニークな歌です。

＊1 テヌート（tenuto）音符の長さを十分に保って演奏する

かたつむり

文部省唱歌

1911（明治44）年『尋常小学唱歌（一）』に掲載されました。かたつむりが別名「でんでんむし」とよばれるようになったのは、この歌からという説もあります。

1.2. でんでんむしむし かたつむり
おまえの あたまは めだまは どこにある
つのだせ やりだせ あたまだ めだまだ せ
せ

すうじのうた

作詞：夢 虹二　作曲：小谷 肇

1～10までの数字の形を物や動物にたとえる、おなじみの童謡。想像力をはたらかせて替え歌をつくってみるのもおもしろそう。1はジュースのストロー、2はお池の白鳥…？

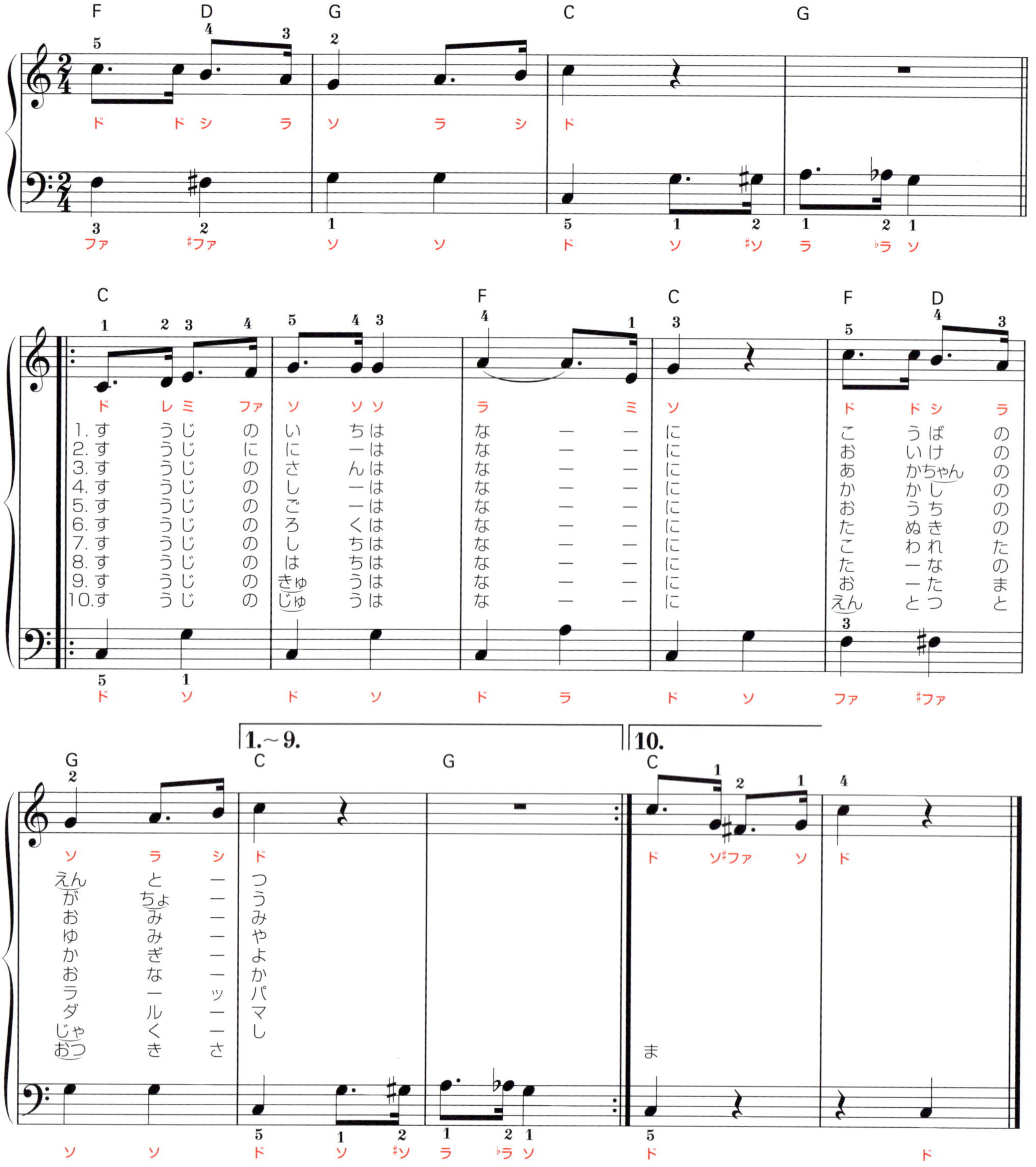

1. すうじのいちは なーーに こうばのえんとーつ
2. すうじににーは なーーに おいけのがちょーう
3. すうじのさんは なーーに あかちゃんのおみーみ
4. すうじのしーは なーーに かかしのゆみーや
5. すうじのごーは なーーに おうちのかぎーよ
6. すうじのろくは なーーに たぬきのおなーか
7. すうじのしちは なーーに こわれたラーッパ
8. すうじのはちは なーーに たーなのダルーマ
9. すうじのきゅうは なーーに おーたまじゃくーし
10. すうじのじゅうは なーーに えんとつとおつきーさ
1.～9.
10.
ま

ジグザグおさんぽ

作詞：高見 映　作曲：越部信義

NHK『おかあさんといっしょ』で紹介された、「シャラララー」「シャバダバダバダ」などの音が楽しい曲。高見映はNHK教育番組『できるかな』でノッポさんを演じた人物。

F C E♭dim7 D
ラ ラ ラ ラ ソ ソソ ド レ ラ ♯ファ ♯ファソ
あ の い し ね らっ てー (セーノ) (カラブリ！)
おっ こち な い よ ーう にー (セーノ) (しっぱい！)
シャバ ダバ シャバ ダバ シャ バダ バー (パパヤ パヤ パパヤ パヤ) (パヤパヤ)
ファ ミ ♭ミ レ
G C A
シラ ソ ♮ファ ソ ソ ソラ ミ ソ ソ ソソ ソラ ミ
も り のこ み ち
あ め のこ み ち
う た をう たっ て
ジ グザ グお さ
ソファ ミ レ ド ソ ミ ソ ド ソ ミ ソ ド ソ ♯ド ラ
Dm G7 C G
ソ ファ ファ ファファ ファソ ソレ ファ ミ ミミ ミレ ソレ
ん ぽ ジ グザ グジ グザ グ お さん ぽさ ーん
レ ラ ファ ラ シ ソ レ ソ シ ソ レ ソ ド ソ シ ソ
C Am Dm G7
ド ミ ソ ラ ファ ラ シ
ぽ さ ん ぽ さ ん ぽ
ド ラ シ ド ♯ド レ ミ ファ ♯ファ ソ ♮ファ ミ レ

G7
1.2.
C
Am
ソ ソ ソ ソ ラ ソ ラ
ド ♯レ ミ ド ラ
ソ ミ ソ ラ
ジ グザ グお さん
ぽ
シャ ララ ラー
ソ ソ
ド
ド ドラ ラ
C Am C Am B♭ G C Am
ソ ミ ソ ラ
ソ ミ ソ ラ ミ レ
ソ ミ ソ ラ
シャ ララ ラー
シャ ララ ラー ラ ラ
ー
シャ ララ ラー
ド ドラ ラ
ド ドラ ラ
♭シ ♭シ ♮シ シ
ド ドラ ラ
C Am C F C
3.
C
ソ ミ ソ ラ
ソ ミ ソ ラ ソ ラ
ド
ド ドミ
シャ ララ ラー
シャ ララ ラー ララ
ラ
ぽ
ド ドラ ラ
ド ドファ ファ
ド ソ ラ シ
ド ソド

たなばたさま

作詞：権藤はなよ（補作詞：林 柳波）　作曲：下総皖一

1941(昭和16)年、『うたのほん(下)』に発表された楽曲。ゆったりとしたメロディーからは、夜空に輝く美しい天の川や、短冊の飾られた笹飾りが風に揺れる様子が思い起こされます。

＊1 リタルダンド(ritardando) だんだん遅く

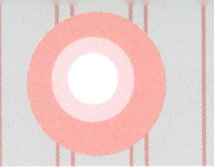

しゃぼんだま

作詞：野口雨情　作曲：中山晋平

1922（大正11）年、大日本仏教子ども会発行の児童誌『金の塔』に詞が掲載され、後に楽曲となって『童謡小曲』に発表されました。幼い娘を亡くした野口雨情の切ない詞が印象的です。

♩=72
F C Am A♭aug G C
C F C
Am G F C G C F
F C Am A♭aug G C N.C. G C
1. しゃぼんだま　とんだ　やねまで　とんだ　やねまで　とんで　こわれて　きえた
2. しゃぼんだま　きえた　とばずに　きえた　うまれて　すぐに　こわれて　きえた
かぜかぜ　ふくな　しゃぼんだま　とばそ

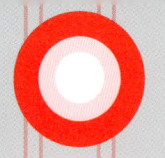

ヤッホッホ夏休み

作詞：伊藤アキラ　作曲：小林亜星

楽しいことがいっぱいの夏休み。「ヤッホッホ！」とうれしくなる気持ちもわかります。♪９がつになったらもうなかない〜とあるように、たくましくなって園に戻ってくるでしょう。

Dsus4 D G C
1.2.3.こん にちはなつ やすみ
Bm Em Am D
さようなら おと もだち ちょっとあえなく
せん せいー ちょっとよわむし
すべ りだい さびしがらずに
G Em F Dsus4
なるけれど くがつになったら またあそぼう
だったけど くがつになったら もうなかない
まってね くがつになったら またすべろう
D G C
ーーー ヤッホッホなつ やすみ

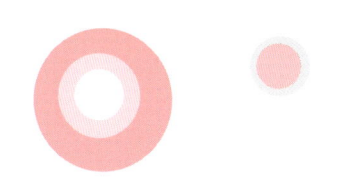

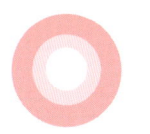

*1 フェルマータ(fermata) 音符または休符を十分に延ばす。延長記号

ホ！ホ！ホ！

作詞：伊藤アキラ　作曲：越部信義

1970（昭和45）年代、NHK『おかあさんといっしょ』で歌われた人気曲で、身体を動かして楽しむダンスソングとして定番です。ホッ！　のかけ声で子どもたちも元気いっぱいに！

Am Dm G7
ミ ラ ミ ラ ミ ラ ミ ラ ミ ラ ミ ラ レ ミファ レ
ホ ホ ホ ホ ユ レユ レユ レユ レ
かえって
かえって
ラ ラミ ラ ラミ レ レソ
C Am7 B7 Em G
ミ ファ ソ ♯ファ ソ ラ ♯ファ ソ ラ シ
くるよー あーのメロ ディーーがー
くるよー あーのほほ えみーがー
ド ドラ シ シ♯レ ミ ソラ シ
C Am
ソ ド ソ ド ソ ドソ ドソ ドソ ド ミ ラ ミ ラ
ホ ホ ホ ホ ユ レユ レユ レユ レ ホ ホ ホ ホ
ド ドソ ド ドソ ラ ラミ
Am Dm G C Am
ミ ラミ ラミ ラミ ラ レ ミファ ソ ラ シ ド
ユ レユ レユ レユ レ
よんでみ
よんでみ
ようーよー
ようーよー
ラ ラミ レ レソ ド シ ラ
Dm G 1. C 2. C
*1
ソ ラ ♭ミ レ ド ド
あおぞらーにー
そのなまーえー
レ ソ ソ ド ドシ ラ シ ♯ファソ ド

*1 アクセント（accent）特に強く演奏する

にじ

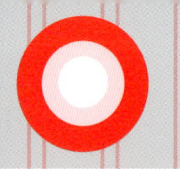

作詞：新沢としひこ　作曲：中川ひろたか

雨上がりの空にかかる虹を見ると、これから素敵なことが起こりそう…とだれでも思いますね。
新沢としひこと中川ひろたかが組んだ楽曲は、卒園ソングとしてよく歌われます。

1. に わの シャベ ル が ー
2. せ んた くも の が ー
3. あの この えん そ く ー
い ちに ちぬ れ て ー
い ちに ちぬ れ て ー
い ちに ちの び て ー
あ めが あが っ て ー
か ぜに ふか れ て ー
な みだ かわ い て ー
く しゃみ をひ と つ ー
く もが なが れ て ー
ひ かり がさ し て ー
み あげ てみ れ ば ー
ラ ラ ラ
に じが にじが ー
そ らに かか っ て ー

*1 フェルマータ（fermata）音符または休符を十分に延ばす。延長記号

C G C A D G D
ミ ソソ ミレソ ラ ソラ ソシララ シ シ シラシラ
き みの きみの ー き ぶん もはれてー きっ と あしたはー
ド ソ シ ソ ド ♯ド レ レミ♯ファ ソ レ ♯ファ レ
1.2.
Em Bm C G C6 D G D
ソ ソ ♯ファミレ ミ ソソ ミレ レソ ラ ソ♯ファ ソ
い い てんきー き っと あし たは い いてん き
ミ シ レ シ ド ソ シ ソ ド レ ソ レミ♯ファ
3.
C6 D G C G C6 D G
ラ ソ♯ファ ソ ミ ソソ ミレ レソ ラ ソ♯ファ ソ
い いてん き
ド レ ソ ド シ ド レ シ ソ

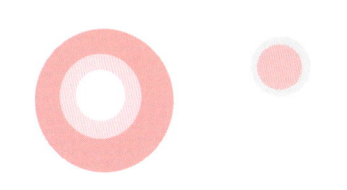

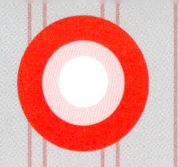

にじのむこうに

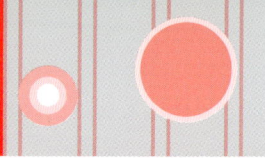

作詞・作曲：坂田 修

雨上がりの清々しい情景を歌った曲。坂田修はNHK『おかあさんといっしょ』のうたのおにいさん。８年間という長期の在籍は歴代のおにいさんの中でもNo.1だそうです。

Dm E7 Am F♯m7(-5) Dm7 G7
レ ファ ミ レ ミ レ ド レ ミ レ ミ レ ド ラ ミ レ レ
に じ の む こ う に な に が あ る ん だ ろ う て
レ レ ミ ラ ソ ♯ファ ♮ファ ファ ファ ソ ソ ファ ミ レ
C Em F C A
ド レ ミ ソ シ ラ ソ ファ ソ ファ ソ ファ ファ ソ ミ ミ
と て を つ な げ ば げ ん き が で る の さ ー ま
ド ド ド ミ ミ ミ ファ ファ ファ ド ド ド ♯ド
Dm E7 Am F♯m7(-5) Dm G G♭
レ ファ ミ レ ミ レ ド レ ミ レ ミ レ ミ ファ ソ
ほ う み た い だ ね ど こ で も ゆ け る さ ー
レ レ ミ ラ ソ ♯ファ ♮ファ ファ ファ ソ ソ ソ ♭ソ
F Em
ラ シ ド ラ ド レ ド シ ミ シ ソ
こ の ゆ び に ー と ま れ (おーい!)
ラ ファ ソ ミ ミ ソ シ

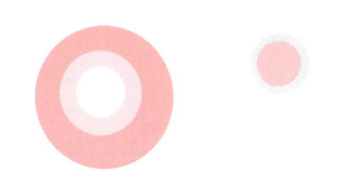

＊1 アルペッジョ(arpeggio) 和音の各音を同時にではなく、順番に演奏する

うみ

作詞：林 柳波　作曲：井上武士

1941(昭和16)年、『ウタノホン(上)』に掲載された国民学校初等科1年生用の歌です。大きな海に寄せては返す波のように、ゆったりとしたリズムで歌いたい1曲。

どんな色がすき

作詞・作曲：坂田 修

クレヨンをモチーフにすきな色を問いかける歌。「ぜんぶのいろがすき」と締めくくるのがいいですね。『おかあさんといっしょ』のうたのおにいさんを務めた坂田修の作詞・作曲。

Am7 D G C G G
1.どんないろがすき「あか」
2.どんないろがすき「あお」
3.どんないろがすき「きいろ」
4.どんないろがすき「みどり」
5.どんないろがすき「ぜんぶ」
G D C A7
あかいいろがすき いちばんさきに
あおいいろがすき いちばんさきに
きいろいいろがすき いちばんさきに
みどりいろがすき いちばんさきに
ぜんぶのいろがすき みーんないっしょに
G B Em7 Am7 D to Coda
1.2.3. G C G
4. G C G
なくなるよ あかいクレヨン
なくなるよ あおいクレヨン
なくなるよ きいろいクレヨン
なくなるよ みどりのクレヨン
なくなるよ ぜんぶのクレヨ ン

＊1 セーニョ(segno) D.S. からこの記号に戻り演奏する　＊2 D.S. でくり返されたあと、最後の Coda に進む

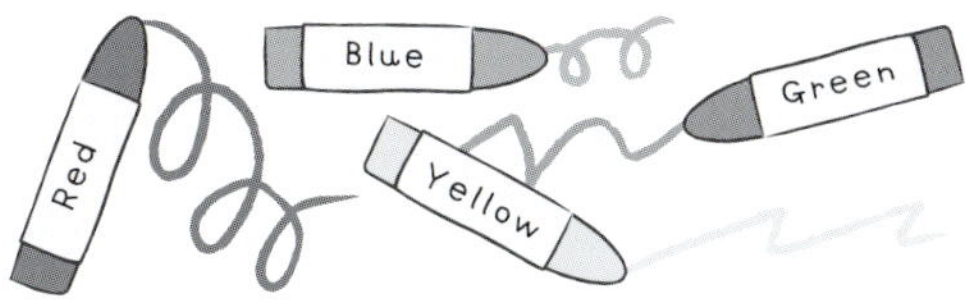

*3 ダル・セーニョ(dal segno) 𝄋まで戻り、fineまたはフェルマータまで演奏する　*4 D.S.でくり返されたあと、to 𝄌 からとぶ

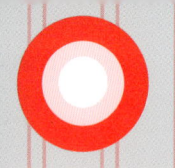

ぼくのミックスジュース

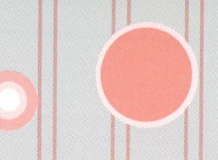

作詞：五味太郎　作曲：渋谷 毅

NHK『おかあさんといっしょ』で長く親しまれています。「こわいゆめ」「べそっかき」「すりきず」も「ミキサーにぶちこんで」「ググッと飲みほせば」一気にパワー回復！

♩=136
D　D　G　D
1.おはようさん　の　おおごえと
2.ともだちな　かよし　うたごえと
3.あのねーそれでねの　おはなしと
A7　D　D7　G
キラキラキラ　の　おひさまと　それにゆう　べの　こわいゆめ
スカッとはれ　た　おおぞらと　それにけん　かの　べそっかき
ほんわかおふろ　の　いいきもちと　それにひざ　こぞうの　すりきずを
A7　D　G　D
みんなミキサーに　ぶちこんで　あさは
みんなミキサーに　ぶちこんで　ひるは
みんなミキサーに　ぶちこんで　よるは
*1

*1 フェルマータ（fermata）音符または休符を十分に延ばす。延長記号

G D7
ソ ソ ソ ソ レ シ シ シ シ ソ レ レ レ ミ レ ラ
ミックスジュース ミックスジュース ミックスジュース
ソ レ シ レ ソ レ シ レ ソ レ シ レ ソ レ シ レ ソ レ シ レ ソ レ シ レ ♯ファ レ ド レ ♯ファ レ ド レ
G G7 C Cm D
シ シ シ シ シ シ ラ ソ ソ ラ ソ ド (レ) レ レ レ レ レ レ レ
こいつをググッと のみほせば
きょうはいいことと
なんでもかんでも
あとはぐっすり
ソ レ シ レ ♯ファ レ シ レ ミ ド ソ ♭ミ ソ ♭ミ ソ ♯ファ レ
1.2. 3.
D7 G D7 G D G
レ レ ♯ファ ♯ファ ソ レ レ ♯ファ ♯ファ ソ レ レ ♯ファ ♯ファ ソ
あるかもね ゆめのなか
いいちょうし
ド レ シ ソ ♯ファ ミ ド レ シ ソ レ ソ

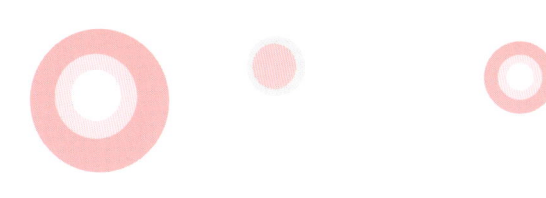

きらきら星

作詞：武鹿悦子　フランス民謡

もとはフランスの民謡を土台にしたシャンソンで、淡い恋の歌。このメロディにイギリスの詩人が「Twinkle, Twinkle, Little Star」という歌詞をつけ、童謡として世界に広まりました。

おつかいありさん

作詞：関根栄一　作曲：團伊玖磨

作詞の関根栄一は音楽と縁もゆかりもない会社のサラリーマン。生まれて初めて書いたのがこの歌です。團伊玖磨の曲を得てNHK『うたのおばさん』で発表されるや大評判の１曲に。

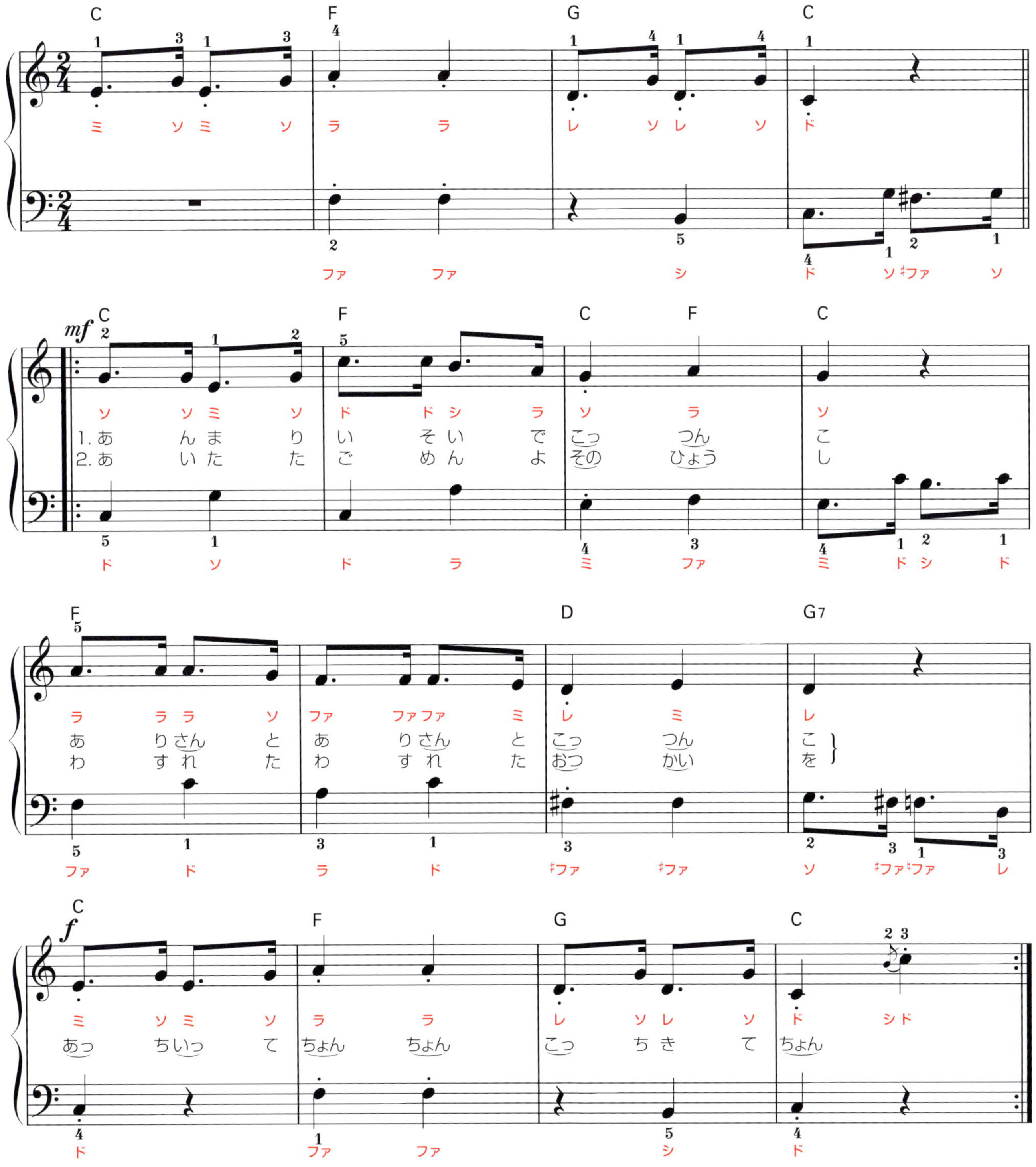
1. あ ん ま り い そ い で こっ つん こ
2. あ い た た ご め ん よ その ひょう し
あ り さん と あ り さん と こっ つん こ
わ す れ た わ す れ た おつ かい を
あっ ちいっ て ちょん ちょん こっ ち き て ちょん

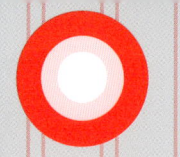

森のくまさん

作詞：馬場祥弘　アメリカ民謡

もとはアメリカの童謡。日本にも伝わり一部で親しまれていましたが、1972(昭和47)年、NHK『みんなのうた』で馬場祥弘の詞による「森のくまさん」が紹介され、全国的に大ヒット。

C F
ソ ラ シ ド ソ ミ ド ラ
ド ド レ ミ ファ ド
F D G7 C
ラ シ ラ ソ ♯ソ ラ シ ド ソ ♯ファ ソ
1.ある ー
ファ ♯ファ ソ ♮ファ ミ レ ド ソ ♯ファ ソ ド
C
ミ ソ ♯ファ ソ ミ ミ ♯レ ミ ド ミ ♯レ ミ ド ミ ♮レ ド
ひ (あ る ー ひ) もり の な か (もり の な か) くま さ ん
の (くま さ ん の) いう こ と にゃ (いう こ と にゃ) おじょ う さ
が (と こ ろ が) くま さ ん が (くま さ ん が) あ と か
ん (おじょ う さ ん) おま ち な さい (おま ち な さい) ちょ ー っ
さん (あら く ま さん) あり が と う (あり が と う) お れ い
ド ソ ド ソ ド ソ ド ソ

G C
レ ミ レ ド レ ソ ラ ソ ミ ソ ラ ソ ミ ソ ラ シ
に（くま さ ん に）で あ っ た（で あ っ た）はな さ く
ん（おじょ う さ ん）おに げ な さい（おに げ な さい）スタ コ ラ
ら（あ と か ら）つい て く る（つい て く る）トコ ト コ
と（ちょ ー っ と）おと し も の（おと し も の）し ろ い
に（お れ い に）うた い ま しょう（うた い ま しょう）ラ ラ ラ
レ ソ レ ソ ド ソ ド ソ
C F D
ド ソ ミ ド ラ ラ シ ラ
も り の み ち くま さ ん
サッ サッ サッ の サ スタ コ ラ
トッ コ トッ コ ト トコ ト コ
か い が ら の ちい さ な
ラ ラ ラ ラ ラ ラ ラ ラ
ド ド レ ミ ファ ド ファ ♯ファ
1.2.3.4.
5.
G7 C C
ソ ファ ミ レ ド ソ ♯ファ ソ
に で あ っ た
サッ サッ サッ の サ
トッ コ トッ コ ト
イ ヤ リ ン グ
ラ ラ ラ ラ ラ
2. くま さ ん
3. と こ ろ
4. おじょ う さ
5. あら く ま
*1 ド ミ
ソ ♯ソ ラ シ ソ ♯ファ ソ ド ド ド

*1 アクセント(accent) 特に強く演奏する

あおいそらにえをかこう

作詞：一樹和美　作曲：上柴はじめ

冒険心あふれる壮大な歌です。青い空に描いた大きな船に乗って出発！　帆は雲。舵は飛行機雲。星のランプをともし、流れ星を追って♪ボクらの世界に到着だ～と歌います。

♩=120
F　D7　C　A7　Dm7　G
C　F　G7　Em　A7
1. あ　おーいそらにえをかこうお
ろーいくものマストはい
しーのランプにひがともるち
Dm　G7　C　C7　F　G7
おきなおおきなふねあ　のふねにのって
ーっぱいいっぱいかぜひ　こうきぐーもの
いさなちいさなゆめな　がれぼーしを
Em　Am　Dm　G　C
しゅっぱつだボクらのしまへ　あし
かじとってボクらのしまへ　あし
おいかけてもうすぐあしたへ　ボク

Am Em A7 Dm G7
ド ド ド ド ド ソ ソ ソ ソ ファ ファ ラ ソ ファ
た は（エイ！ヤァー！）あ し た は（エイ！ヤァー！） あ し た は ボ ク ら の
た は（エイ！ヤァー！）あ し た は（エイ！ヤァー！） あ し た は ボ ク ら の
ら の（エイ！ヤァー！）ボ ク ら の（エイ！ヤァー！） ボ ク ら の せ かい に
ラ ド ミ ♯ド レ シ
C F D7 C A7
ミ ミ ファ ソ ド ド ド ド ド ド ド ソ ソ ソ ソ
せ か ー い だ あ し た は（エイ！ヤァー！）あ し た は（エイ！ヤァー！） ボ ク ら
せ か ー い だ あ し た は（エイ！ヤァー！）あ し た は（エイ！ヤァー！） ボ ク ら
と うちゃ く だ ボ ク ら の（エイ！ヤァー！）ボ ク ら の（エイ！ヤァー！） せ か い
ド ミ ファ ♯ファ ソ ♮ファ ミ レ ♯ド
Dm7 G 1.2. C 3. C
ファ ド シ ラ ソ ド ド ド ソ ソ
の せ か い ー ー だ 2. し
の せ か い ー ー だ 3. ほ
に と う ちゃー く だ
レ ソ ド ファ ミ レ ド ド ファ ミ レ ド
Dm7 G C F C
ファ ド シ ラ ソ ドソミ ドラファ ドソミ
レ レ ソ ソ ソ ド ド ド

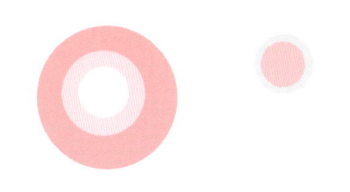

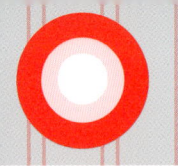

おばけなんてないさ

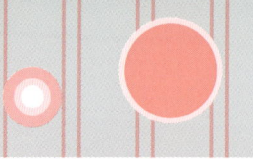

作詞：槇みのり　作曲：峯陽

夏―。怪談話の季節になるときまってNHK『おかあさんといっしょ』で歌われる人気曲。この歌をモチーフにした、せなけいこ(画)の絵本を見たことがある人も多いでしょう。

♩=105
G
D
mf
f
ソ レ レ ♯ド レ ソ レ レ ♯ド レ ソ ソ ソ ソ レ シ ソ ラ
1.おばけなん てな いさ
2.ほんとに おば けが
3.だけどこ ども なら
4.おばけの とも だち
5.おばけの くに では
ソ レ レ ♭ミ レ ソ レ レ ♭ミ レ ソ ソ レ
ラ シ ド シ ラ ソ ミ レ ソ ソ ソ ソ レ シ ソ ラ ラ シ ド レ ド シ ラ ソ
おばけなん てう そさ ねーぼけ たひ とが みまちが えた のさ
でてきた らどう しよう れいぞうこ にい れて かちかち にし ちゃおう
ともだち にな ろう あくしゅを して から おやつを たべ よう
つれてあ るい たら そこらじゅう のひ とが びっくり する だろう
おばけだら けだっ てさ そんなはな しき いて おふろに はい ろう
レ シ ド シ ラ ソ ソ レ レ ♯ファ ソ

Am Adim Am A D7 G D
mp mf
ラ ラ ラ ラ シ ラ ラ ラ ラ シ ラ ソ ♯ファ ミ レ レ レ レ ソ ソ ソ ソ レ シ ソ ラ
だ け どちょっ とだ け どちょっ と ぼ くだっ て こ わ い な お ば けなん てな いさ
ミ ド ♭ミ ド ド ♯ド レ ♮ド シ ラ ソ ソ レ
D G N.C. D G
ラ シ ド レ ド シ ラ ソ レ ソ
お ば けなん てう そさ
レ ♯ファ ソ ラ シ ド レ ド シ ラ ソ ソ

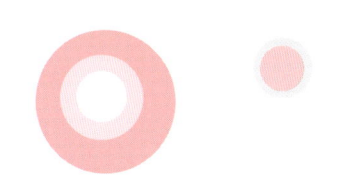

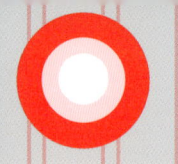

アイ・アイ

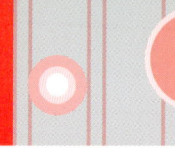

作詞：相田裕美　作曲：宇野誠一郎

NHK『おかあさんといっしょ』で 1967（昭和42）年から歌われ、大人気を得た歌。アイアイはマダガスカル島に生息するサルの仲間で、現在は数も減り、絶滅も危惧されています。

♩=115
C G7 C G7 C G7
1.2. アーイ アイ（アーイ アイ）アーイ アイ（アーイ アイ）
C G C F
おさ るさーんだ よ
おさ るさーんだ ね
アーイ アイ（アーイ アイ）アーイ アイ（アーイ アイ）
C G7 C F Fm C Cm
みな みのしまー の
この はのおうー ち
アイアイ（アイアイ）アイアイ（アイアイ）

Dm D7 G C G7
ラ ラ ラ ラ シ ド レ ソ ミ ソ ミ ファ レ ファ レ
しっぽのながい
おめめのまるい
アーイ アイ（アーイ アイ）アーイ アイ（アーイ アイ）
ファ レ ♯ファ レ ソ ソ ラ シ ド ソ ド ソ レ ソ レ ソ
G 1. C 2. C
ソ ソ ラ シ ソ ソ ド ド ミ
おさるさんだよ
おさるさんだね
レ ソ レ ソ ド ソ ド ソ ラ シ ド ソ ド

とんでったバナナ

作詞：片岡 輝　作曲：桜井 順

バナナは昔は高級品。たいそう貴重な時代もあったのです。結局、食べたのは船長さん。取り合った子どもたちは食べられませんでした…。６番まで続く物語性豊かな歌です。

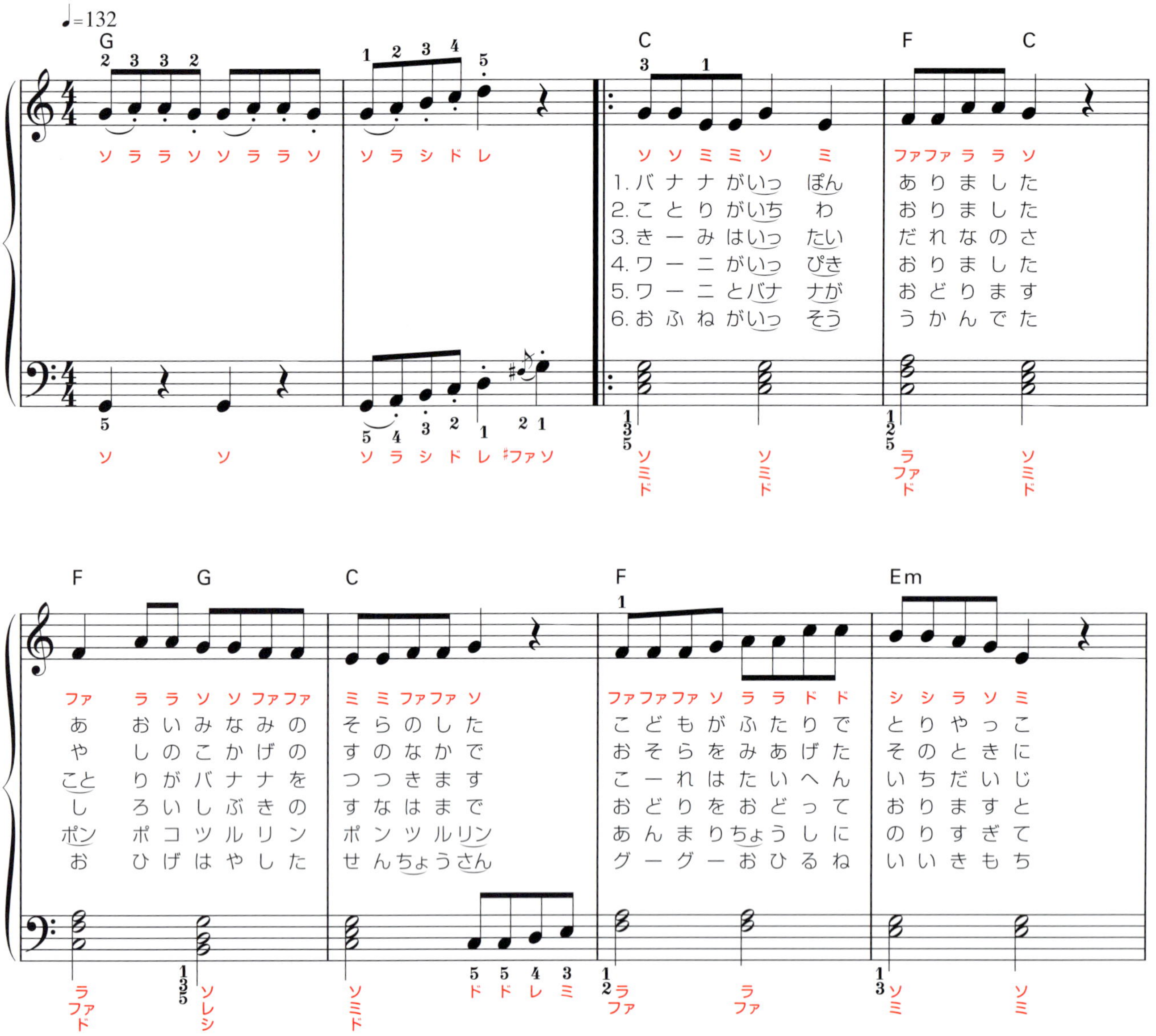

♩=132
G C F C F G C F Em
1.バナナがいっぽん ありました あおいみなみの そらのした こどもがふたりで とりやっこ
2.ことりがいちわ おりました やしのこかげの すのなかで おそらをみあげた そのときに
3.きーみはいったい だれなのさ ことりがバナナを つつきます こーれはたいへん いちだいじ
4.ワーニがいっぴき おりました しろいしぶきの すなはまで おどりをおどって おりますと
5.ワーニとバナナが おどります ポンポコツルリン ポンツルリン あんまりちょうしに のりすぎて
6.おふねがいっそう うかんでた おひげはやした せんちょうさん グーグーおひるね いいきもち

1.2.3.4.5.
D G C G7 C
レレレレレラレ ソソソラソ ドラソミド レレシド
バナナはツルンと とんでった バナナはどこへ いったかな
バナナがツルンと とびこんだ はねもないのに ふんわりこ
バナナがツルンと にげだした たべられちゃうなんて やなこった
バナナがツルンと とんできた おひさまにこにこ いいてんき
バナナはツルンと とんでった バナナはどこへ いったかな
おくちをポカンと あけてたら バナナがスポンと
6.
C G7 C G7 C N.C.
ソララソソララソ レラソド レレシド ラソラソラソラソ
バナナンバナナン バナーナ とびこんだ モグモグモグモグ
N.C. F C E♭dim Dm7 D♭maj7 C
ラソドド ドラソラ ドラドドファミ
たべちゃった たべちゃった たべちゃった

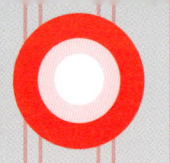

南の島のハメハメハ大王

作詞：伊藤アキラ　作曲：森田公一

1976（昭和51）年 NHK『みんなのうた』で水森亜土がユニークな歌声で歌い話題に。歌詞に登場するハメハメハ大王は、伊藤アキラの考えた架空のキャラクターです。

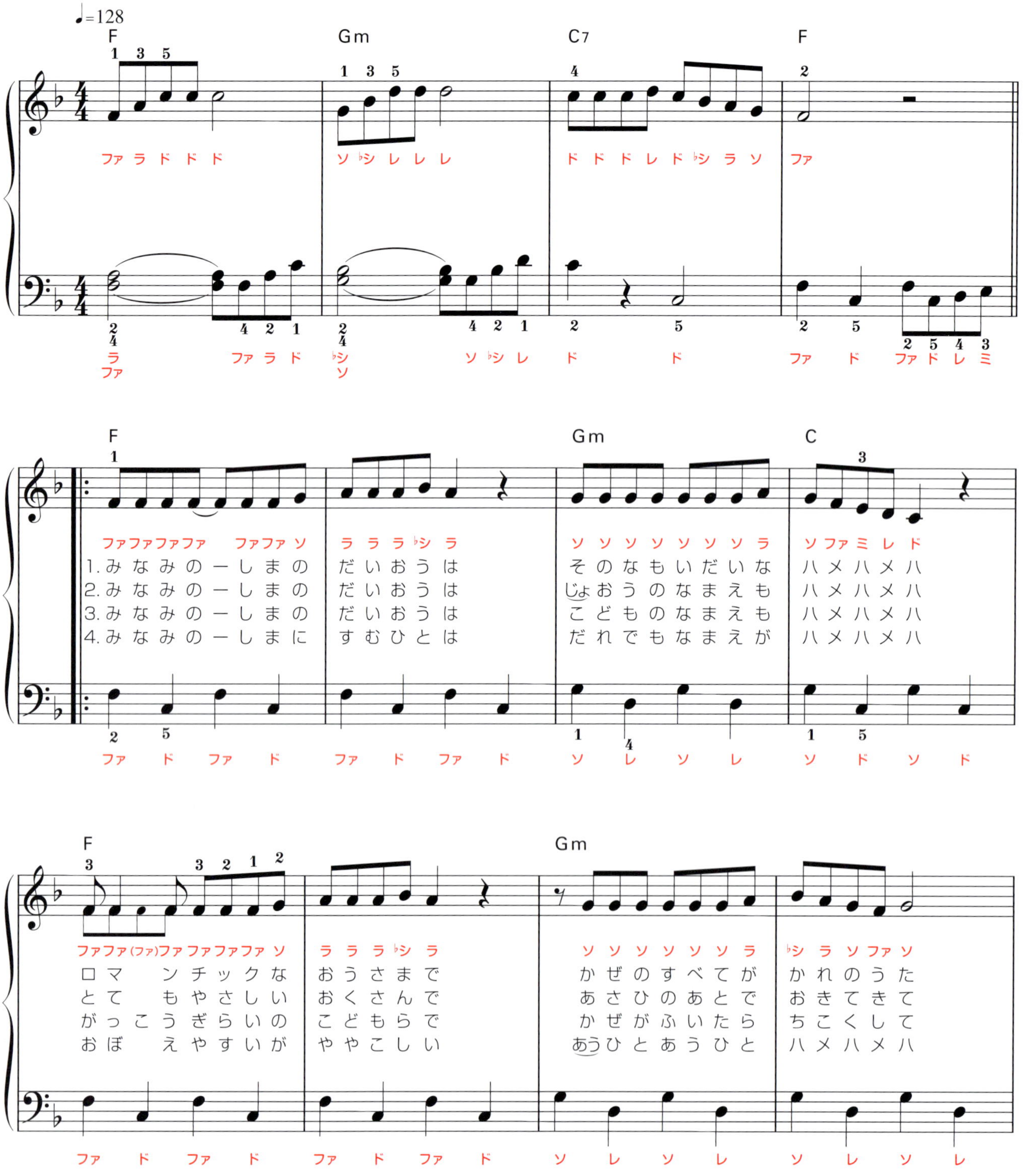

♩=128
F　Gm　C7　F
ファ ラ ド ド ド　ソ ♭シ レ レ レ　ド ド ド レ ド ♭シ ラ ソ　ファ
F　Gm　C
ファファファファ ファファファ ソ　ラ ラ ラ ♭シ ラ　ソ ソ ソ ソ ソ ソ ソ ラ　ソ ファ ミ レ ド
1.みなみのーしまの　だいおうは　そのなもいだいな　ハメハメハ
2.みなみのーしまの　だいおうは　じょおうのなまえも　ハメハメハ
3.みなみのーしまの　だいおうは　こどものなまえも　ハメハメハ
4.みなみのーしまに　すむひとは　だれでもなまえが　ハメハメハ
F　Gm
ファファ（ファ）ファ ファファファ ソ　ラ ラ ラ ♭シ ラ　ソ ソ ソ ソ ソ ソ ラ　♭シ ラ ソ ファ ソ
ロマンチックな　おうさまで　かぜのすべてが　かれのうた
とてもやさしい　おくさんで　あさひのあとで　おきてきて
がっこうぎらいの　こどもらで　かぜがふいたら　ちこくして
おぼえやすいが　ややこしい　あうひとあうひと　ハメハメハ

*1 D.C.でくり返されたあと、最後の𝄌Codaに進む　*2 ダ・カーポ(da capo) 曲のはじめに戻り、fineまたはフェルマータまで演奏する
*3 D.C.でくり返されたあと、to𝄌からとぶ　*4 アクセント(accent) 特に強く演奏する

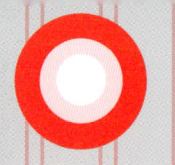

すずめがサンバ

作詞・作曲：かしわ哲

サンバはブラジルの代表的な音楽の一つ。カーニバルのパレードには欠かせません。それをスズメが踊るという発想からしておかしいのですが、さて、スズメはナンバ？

D Bm Em7 A7
D Bm Em A
1. でんしん ばしらの うえで ー すずめが 1 2 サンバー
2. ゆうやけ ぞーらの まちで ー すずめが 1 2 サンバー
3. まんまる おつきさんの したで ー すずめが 1 2 サンバー
D F♯ B Em A D
たのしくおどって いるよ ー すずめが サンバ おどってる (ハイ!)
なかよくおどって いるよ ー すずめが サンバ おどってる (ハイ!)
まだまだおどって いるよ ー すずめが サンバ おどってる (ハイ!)

D Em A7 D
レ ♯ファ ラ レ ♯ド シ ♯ド シ ♯ド ミ ソ ♯ド シ ラ シ ラ
すずめが サンバ (サンバ) うかれて サンバ (サンバ)
すずめが サンバ (サンバ) おどけて サンバ (サンバ)
すずめが サンバ (サンバ) よろけて サンバ (サンバ)
レ レ レ レ ミ ミ ミ ミ ラ ラ ラ ラ レ レ レ ラ
D Em A D
レ ♯ファ ラ レ ♯ド シ ♯ド シ ♯ド ♯ド シ ラ ラ ラ ラ ミ ソ レ ♯ファ
すずめが サンバ (サンバ) かぜにゆられて サンバ
すずめが サンバ (サンバ) ぜんぶまとめて サンバ
すずめが サンバ (サンバ) みんなおやすみ サンバ
レ レ レ レ ミ ミ ミ ミ ラ ラ レ

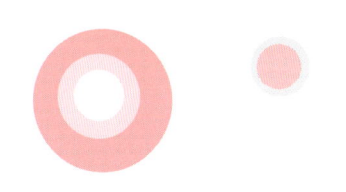

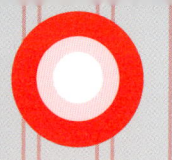

アイスクリームのうた

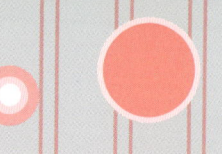

作詞：佐藤義美　作曲：服部公一

1962(昭和37)年、NHK『みんなのうた』で放送されたのが最初です。6、7月、ちょうどアイスクリームが恋しくなる時期のオンエアということもあり、大いに話題になりました。

♩=120
C　E♭dim7　G7　F　C　D♯dim G7　C
mf
1. お と
C　G7
ぎ ば な し の
ぎ ば な し の
おう じ でも
おう じょ でも
む か し は と ても
C　E♭dim7　G7　Dm7
た べら れない ア イ ス ク リー ム ア イ ス ク リ ー
G7　C　G7
ム
ぼ く
わ た
は お う じ では
しは お うじょ では
ない け れど ア イ

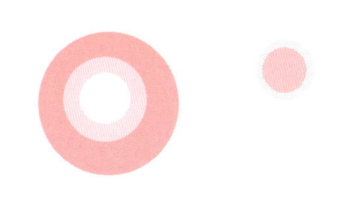

G7 C C E♭dim7 G7
ス ク リー ムを め しあ がる ス プーン ですくっ て ピチャ チャ チャ し た
Dm G7 C6 A7 Dm G7
に の せ ると ト ロンー トロ の ど を おん が くたい が と お
C G7 C D G
り ま す プ カ プ カドン ドン つ めた いね ル ラ
D7 G E7
ル ラ ル ラ あ ま いね チ ー タ カタッ タッ タッ

Am D Fdim7 D7 G7
mf
ド ドラ ラ シ ド レ レ レ レ レ レ ドシ ラソ ミ ファ
お いしい ね ア イ ス クー リー ム は た のし いね 2.お と
ミ ド ド ド ラ ♭ラ ラ ソ ♮ファミ レ
ラ ラ ラ ♯ファ ♮ファ ♯ファ
C G7
ソ ド シド ミ ファ レ レレ レ ミ ファ ファ シ シファ
ぎ ば なし の おう じ でも む か し は と ても
ド ソ ソ ソ レ ソ ソ シ ソ ソ ソ
ミ ミ ミ ファ ファ ファ ファ ファ
C E♭dim7 G7
ミ ミド ドド ミ ファ ソ ソ ド シ ラ シ
た べら れない ア イ ス ク リー ム ア イ
ド ソ ソ ミ ド ♭ミ ラ レ ソ ソ
ミ ミ ソ ♯ファ ♮ファ ファ
F C D♯dim G7 C F Fm C
ラ ソ ラ シ ド シド
ス ク リ ー ム
ラ ソ ♯ファ ♮ファ ソ ラ ♭ラ ソ
ファ ミ ♯レ ♮レ ミ ファ ファ ミ
ド ド ド ド

うたえてのひら

作詞：名村 宏　作曲：越部信義

壊れたバケツや空き缶も歌うという詞には、環境保護のテーマが織り込まれているのでしょう。
国連は6月5日を「世界環境デー」と定め、各国で環境保護のための行事が催されます。

Csus4 C F F♯dim Gm
1.2.うたえ てのひらー
C F F F7
バン バン バン バ バン バンー うたえ
B♭ B♭m C F
てのひらー バン バン バン バ バン バンー
F Dm Gm
ちいさな ちいさな
てのひらを
てびょうしで

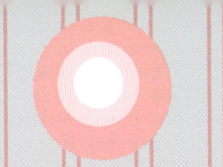

C Gm C
ー つなげば わになる
ー ちきゅうも ひとつの
♭シ ラ ソ ファ ミ ファ ソ ド
ド レ ミ ファ ソ ド ミ
F C F A D7
ファ ファ ソ ソ ラ レ ド ♭シ ラ
うたになる ー こわれた
うたになる ー こわれた
ファ ミ ファ ♯ド レ ♯ファ
Gm C7 F
ソ ソ ラ ♭シ ド ♭シ ラ ♯ソ ラ
バケツもー あきかんも
やかんもー あきびんも
ソ ♮ファ ミ レ ド ミ ファ ミ レ ド
B♭ G7
レ ミ ファ ラ ラ ソ ラ ラ ソ ♯ファ ソ ド
うたを しってるー うたーいだす
♭シ ♭シ ♮シ ド

＊1 セーニョ（segno）D.S.からこの記号に戻り演奏する　＊2 D.S.でくり返されたあと、最後の𝄌Codaに進む
＊3 ダル・セーニョ（dal segno）𝄋まで戻り、fineまたはフェルマータまで演奏する
＊4 D.S.でくり返されたあと、to𝄌からとぶ　＊5 アクセント（accent）特に強く演奏する

手のひらを太陽に

作詞：やなせ・たかし　作曲：いずみたく

1961(昭和36)年、NET(現テレビ朝日)ニュースショーの構成を担当していた詩人やなせ・たかしが番組内で自分の詞に曲をつけ発表。生命力あふれる元気いっぱいの歌です。

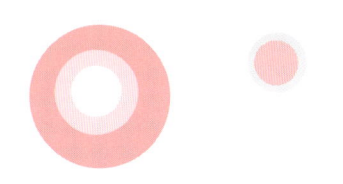

*1 アクセント(accent) 特に強く演奏する

やまびこごっこ

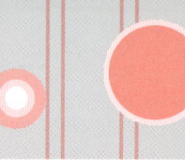

作詞：おうちやすゆき　作曲：若月明人

詞もメロディもくり返しながら進むのが楽しい曲。♪まねするな～と言ったり、♪じょうずだな～と返ってきたり。若月明人は「パジャマでおじゃま」などの作曲も手がけています。

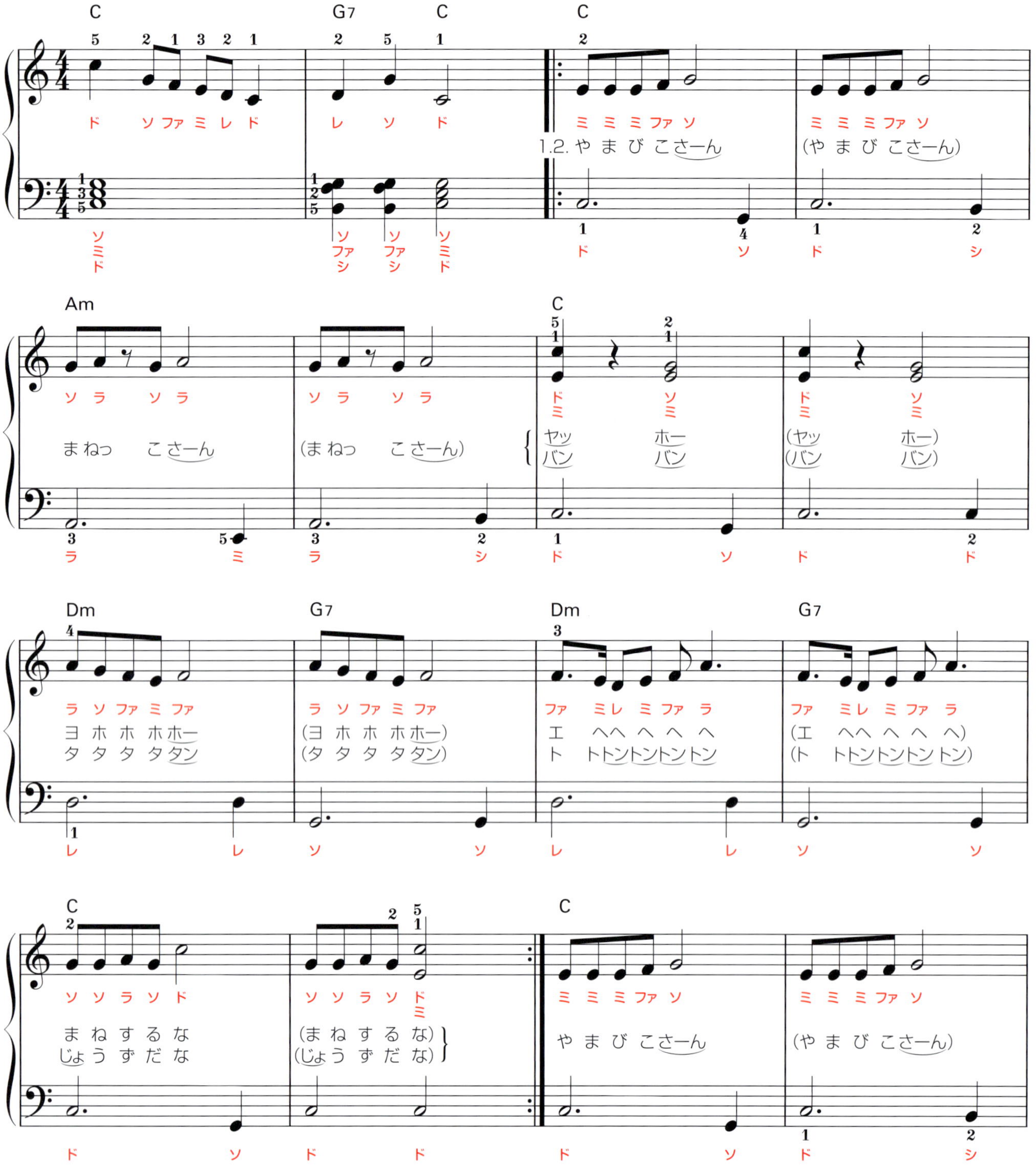
C
G7
C
C
1.2. やまびこさーん
(やまびこさーん)
Am
まねっ こさーん
(まねっ こさーん)
C
ヤッ ホー
バン バン
(ヤッ ホー)
(バン バン)
Dm
ヨ ホ ホ ホホー
タ タ タ タタン
G7
(ヨ ホ ホ ホホー)
(タ タ タ タタン)
Dm
エ へへ へ へ へ
ト トトントントントン
G7
(エ へへ へ へ へ)
(ト トトントントントン)
C
まねするな
じょうずだな
(まねするな)
(じょうずだな)
C
やまびこさーん
(やまびこさーん)

Am C
ソ ラ ソ ラ ソ ラ ソ ラ ソ ミ ファ ソ ソ ミ ファ ソ
まねっ こさーん (まねっ こさーん) ラ ラ ララー (ラ ラ ララー)
ラ ミ ラ シ ド ソ ド ソ
C F
ド レ ミ ファ ソ ソ ド レ ミ ファ ソ ソ ラ ファ ソ ラ ラ ファ ソ ラ
ド レ ミ ファ ソ ソ (ド レ ミ ファ ソ ソ) ヤッ ホ ホホー (ヤッ ホ ホホー)
ド ソ ド ソ ファ ド ファ ソ
C Dm G C
ド ソ ファ ミ レ ド ド ソ ファ ミ レ ド レ シ ド
ああ お も し ろ い (ああ お も し ろ い)
ド ソ ド ソ ファ ソ ド ド

ヤッホー
ヤッホー

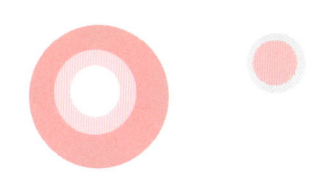

世界中のこどもたちが

作詞：新沢としひこ　作曲：中川ひろたか

戦争や内戦を続けている国、地域がいまだ数多く存在します。犠牲になるのは子どもたち。世界中の子どもたちが一緒に笑える日が一刻も早く来ることを願う曲ともいえるでしょう。

♩=115
C D G G
せかい じゅう のこどもた
G Am
ち が いちど に わらったら そらも
なーいたら そらも
Am D C D
わらうだ ろう ラララ うみも わらうだ
なーくだ ろう ラララ うみも なくだろ
1. G 2. G B
ろう せかい
う ひろげ よう ぼくらの

Em A D
ソ ♯ファ ミ ラ ラ ラ ラ ミ ラ ラ ラ ソ ♯ファ ミ レ シ シ シ
ゆ め を とど け よ う ぼ くら の こ え を さか せ
ミ シ ミ ラ ラ シ ♯ド レ ラ レ
B Em A
シ ♯ファ シ シ シ ラ ソ ♯ファ ミ ラ ラ ラ ラ ラ ラ ラ シ ♯ド
よ う ぼ くら の は な を せか い に に じ をか け
シ シ ♯ド ♯レ ミ シ ミ ソ ♯ファ ミ
D G
レ レ ミ ♯ファ ソ ♯ファ ソ ♯ファ ミ ♯ファ ミ レ レ ミ ♯ファ
よう せ か い じゅう の こ ど も た ち が い ち ど
レ ド シ ラ ソ レ ソ レ ソ レ ソ レ
G Am
ソ ソ ♯ファ ソ ♯ソ ラ ミ ミ ミ ラ ♯ソ ラ ♮ソ
に う たっ た ら そ ら も う た う だ
ソ レ ソ レ ラ ミ ラ ミ ラ ミ ラ ミ
D C D G
ソ ♯ファ レ レ レ ミ ♯レ ミ ソ ♯ファ ソ ラ ソ
ろ う ラ ラ ラ う み も う た う だ ろう
ラ レ ラ レ ド レ ソ レ ソ

ともだちさんか

作詞：阪田寛夫　アメリカ民謡

曲は南北戦争時代の北軍の行軍曲で、いまもアメリカで愛唱される「リパブリック讃歌」。阪田寛夫が詞をつけ、1966（昭和41）年、NHK『おかあさんといっしょ』の放送などで浸透。

*1 アクセント(accent) 特に強く演奏する

うたえバンバン

作詞：阪田寛夫　作曲：山本直純

1970（昭和45）年１月、NHK正月特番『うたえバンバン』のテーマソングとして作られた歌。
『みんなのうた』などでとりあげられ、だれからも愛される定番ソングになりました。

♩=120
G C mf C
ラ ♯ソ ラ シ ソ ラ シ ド ド(ド ド) ド レ ミ レ ド
1. く ち を おお き く
2. カッ カカッ カ プン プ ン
3. む ね を グー ン と
ソ ソ ド ソ ド ド ソ ド ソ
C Dm
ミ ミミ ミ ミ ド ドド レ ミ レ ミ ファ ファ ファ レ レレ ミ ファ ファミ レ
あ けま し て う たっ て ご らん アイ アイ アイ そ のう た ぐ んぐ ん
す るか わ り ちょ っぴ り お なか も
は りま し て い つで も ど こで も
ド ソ ド ソ ド ソ ド ソ レ ラ レ ラ レ ラ レ ラ
Dm G7 C f G7
ファ ファファファファファ ソ ソファ ミ ファ ファミ レ ド ドド ド ド ソ ド シ ラ
ひ ろが っ て だ れか の こ ころ と こ んに ち は あ ー あ いい
へ るけ れ ど こ ころ が ド カン と ひ らき ま す あ ー あ いい
ど なた で も こ ころ が ホ カホ カ あ った ま る あ ー あ いい
レ ラ レ ラ レ ソ レ ソ ド ソ ド ソ ファ

C G7 C Fm
ソ ソ ソ ド シ シ ラ ラ ソ ソ ♯ファ ソ ♭ラ ♮ファ ♭ラ ファ
な うたご え は アイ アイ アイ せかい いっぱい いっぱい
な あおい そ ら アイ アイ アイ あたら しい ひ が
な うたご え は アイ アイ アイ うちゅう いっぱい いっぱい
ミ ソ ファ ミ ファ
C G7 C
ド ソ ミ ファ ソ ファ ミ レ ド ソ ソ ソ ミ ド ソ ソ ソ
いーっ ぱい ラ ラ ひ び き あ う
い ま ラ ラ や っ て く る
いーっ ぱい ラ ラ ひ び き あ う
うたう たえ うたう
ミ ド ソ ラ シ ド ソ ド ド ソ ド ソ
C A Dm
ミ ド ソ ♯ファ ソ ラ ソ ファ ミ レ ラ ラ ラ ファ レ ラ ラ ラ
た え うたえ バン バン バン バン バーン うたう た え うたう
ド ソ ド ソ ド ソ ♯ド ラ レ ラ レ ラ レ ラ レ ラ
1.2. 3.
Dm G C C
ファ レ ラ ♯ソ ラ シ ソ ラ シ ド ド ソ ド
た え うたえ バン バン バン バン バーン バーン
レ ラ レ ラ レ ソ レ ソ ド ソ ド ド ソ ド

小さな世界

Words and Music by Richard M.SHERMAN and Robert B.SHERMAN　日本語詞：若谷和子

原曲はディズニーランドでもたびたび耳にする「It's a Small World」です。作詞作曲を担当するシャーマン兄弟は、ディズニー製作の映画音楽も数多く手がけています。

♩=118
G G7 C Cm D7 G
シ ド レ ソ ラ シ ラ ソ ミ ラ シ ド シ ラ レ ド シ ラ ソ シ ド
1. せ か
ソ ソ ♮ファ ♮ファ ミ ミ ♭ミ ♭ミ レ レ ♮ミ ♯ファ ソ レ ソ
G D G
レ シ ソ ラ ソ ソ ♯ファ ♯ファ ラ シ ド ラ ♯ファ ソ ♯ファ ミ レ レ シ ド
い じゅ う ど こ だ っ て わ ら い あ り な み だ あ り み ん
い じゅ う だ れ だ っ て ほ ほ え め ば な か よ し さ み ん
り な い そ ら と う み ほ し か げ の う つ く し さ そ れ
い じゅ う だ れ で も が じゅ う ー を も と め ー る そ の
ソ レ ソ レ ラ レ ラ ラ レ ラ レ ソ レ ソ
G G7 C Cm D7 G
レ ソ ラ シ ラ ソ ミ ラ シ ド シ ラ レ ド シ ラ ソ
な そ れ ぞ れ た す け あ う
な わ に な り て を つ な ご う
は ひ と り か た り か け る
さ け び が こ だ ま す ー る
ち い さ な せ か い
ソ ソ ♮ファ ♮ファ ミ ミ ♭ミ ♭ミ レ レ ♮ミ ♯ファ ソ レ ソ レ ミ ♯ファ

G D G
ソ ソ シ ソ ラ ラ ラ ラ ラ ド ラ シ シ シ
1.2.3. せ か い は せ ま い せ か い は お な じ
4. ラ ラ ラ ラ ラ ラ ラ ラ ラ ラ ラ ラ ラ ラ
ソ レ ソ レ ♯ファ レ ♯ファ レ ♯ファ レ ♯ファ レ ソ レ ソ レ
1.2.3.
G G7 C Cm D G
シ シ レ シ ド ド ド シ ラ レ ♯ファ ソ シ ド
せ か い は ま る い た だ ひ と つ
ラ ラ ラ ラ ラ ラ ラ ち い
2. せ か
3. か ぎ
4. せ か
ソ ソ ♮ファ ♮ファ ミ ミ ♭ミ ♭ミ レ ラ レ ラ ソ レ ソ
4.
D7 G
レ ド シ ラ ソ
さ な せ か い ー
レ レ ミ ♯ファ ソ レ ソ レ ソ ソ
*1

こおろぎ

作詞：関根栄一　作曲：芥川也寸志

「ちろちろりん」「ころころりん」の音がいかにもかわいい歌。日本では昔、せみやすずむしなど鳴く虫はすべて「こおろぎ(蟋蟀)」と呼んでいたそうです。

とんぼのめがね

作詞：額賀誠志　作曲：平井康三郎

1949(昭和24)年、NHKラジオ『幼児の時間』で放送。額賀誠志は福島の無医村に病院を開業した医師でもあり、往診途中に子どもたちがとんぼと戯れる姿から創作のヒントを得たとも。

♩=112
mp
1. とんぼのめがねは みずいろめがね あーおいおそーらを とんだから とんだからー
2. とんぼのめがねは ぴかぴかめがね おてんとさーまを みてたから みてたからー
3. とんぼのめがねは あかいろめがね ゆうやけぐーもを とんだから とんだからー

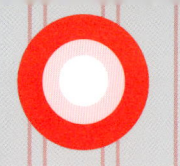

虫のこえ

文部省唱歌

1910（明治43）年に『尋常小学読本唱歌』に掲載されたのが最初。1932（昭和7）年の『新訂尋常小学唱歌』掲載から、2番の歌詞「きりぎりす」が「こおろぎ」に変更されました。

♩=80
mp
1. あ れ ま つ む し が な い て い る
2. キ リ キ リ キ リキ リ こ お ろ ぎ や
p
チン チロ チン チロ チン チロ リン
ガチャ ガチャ ガチャ ガチャ くつ わむ し
mf
あ れ す ず む し も な き だ し た
あ と か ら う まお い お い つ い て
p
リン リン リン リン リ ーン リン
チョン チョン チョン チョン ス イッ チョン

mf
Cmaj7 Am7 F C
ソ ミ ラ ソ ソ ミ ミ ド ド シ ラ ソ
あ き の よ な が を な き と お す
ド シ ラ ソ ファ ミ
f
F C F G C
ド シ ラ ソ ソ ミ ラ ラ ソ ソ ド
ああ お も し ろ い む し の こ え
ファ ミ ファ ソ ミ ド
C F C F C F C F C G7 C
ソ ラ ソ ラ ソ ラ ソ ラ ソ ソ ド
ミ ファ ミ ファ ミ ファ ミ ファ ミ ファ レ ミ ド

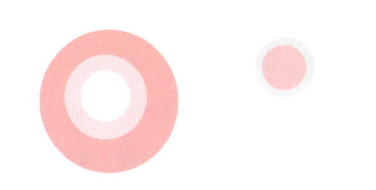

しょうじょう寺のたぬきばやし

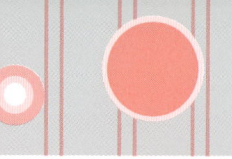

作詞：野口雨情　作曲：中山晋平

歌のふるさとは千葉県木更津市にある證誠寺というのが定説です。♪ポンポコポンのポン～と腹つづみをうつタヌキの様子をコミカルに描いた愉快な歌詞が魅力。

1.2. しょう　しょう　しょうじょうじ　しょうじょうじ　の
にわは
はぎは
つ　つ　つきよだ　みんなでて　こいこいこい
つ　つ　つきよに　はなざかり
おいらの　ともだちゃ　ポンポコポンの　ポン
おいらは　うかれて　ポンポコポンの

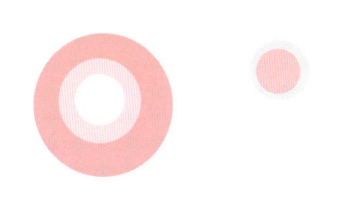

*1 アクセント(accent) 特に強く演奏する

つき

文部省唱歌

1919(明治43)年、文部省編集として初の『尋常小学読本唱歌』に掲載された中の１曲です。
1941(昭和16)年掲載の『ウタノホン(上)』では「お月さま」に改題されています。

♩=88
F　Dm7　B♭6　C6　F
F　Fsus4　F　C
Dm7　C　F　D7　Gm7　C7　F
1. でたでたつきが まーるいまーるい まんまるい ぼーんのような つきが
2. かくれたくもに くーろいくーろい まっくろい すーみのような くもに
3. またでたつきが まーるいまーるい まんまるい ぼーんのような つきが

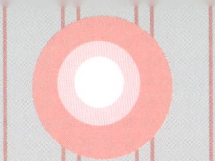

とんとんとんとんひげじいさん

作詞：不詳　作曲：玉山英光

♪とんとんとんとん～の部分がリズミカルで、覚えやすい手遊び歌です。最後の部分をアニメのキャラクターに変えて、オリジナルの手遊びを楽しんでいる親子もいます。

♩=90
C7
F B♭ F
F
＊1
とん とん とん とん
ひ げ じ い さん
C7
とん とん とん とん
こ ぶ じ い さん
F
とん とん とん とん
て ん ぐ さ ん
B♭
とん とん とん とん
C7
め が ね さ ん
F
とん とん とん とん
D7
て を う え に
Gm C7
きら きら きら きら
F B♭ F
て は お ひ ざ

＊1 テヌート（tenuto）音符の長さを十分に保って演奏する

すきですきでスキップ

作詞：東 龍男　作曲：山本直純

スキップをするときのウキウキした気分が表現された、楽しく弾むような作品。♪○○さんは
○○がすきで～の部分を、自分の好きなものに入れ替えて歌ってみたくなりますね。

C G7 C
C A7 Dm G7
かえる さん は あ め が すき ですき でスキップ ことり さん はうたう の が
C C
すき で すき でスキップ きつね さん はあぶら げ が
F C G
すき で すき でスキップ ぞう さん は バ ナ ナ が

C B Fmaj7 G Em7 Am7
ソ レ ド ソ ラ ド レ レ ドレ ミ ソ ド ド ソ ラ ド
こ えー て ぼ く は そう ち いさー な ツ バ メ た ど り
ド ド ド ファ シ ソ ミ ド ラ
Dm7 E7 C Gm7 C7 Fmaj7 G
レ レ ドレ ミ ソ ソ ミ レ ミ ソ ラ ラ シ ド ソ ファ
つい た まちー で ふ れ た た の し そう な ひ と の こ
ファ レ ♯ソ ミ ♮ソ ド ♭シ ソ ド ファ ♮シ ソ
Em7 Am7 Dm7 G C
ソ ソ ファ ミ レ ド ラ ミ レ ミ レ ド ソ レ ド ソ ラ ド
え か な し み に く れー る な か ま の こー え みん な そ
mf
ミ ド ラ レ シ ソ ミ ド ミ ド
C Fmaj7 G/F Em7 A7 Fmaj7 E7
ミ レ レ ド ド ラ ミ ソ ラ ソ ミ ソ ラ ミ レ レ ド ド ラ ミ
れ ぞ れ ち が う く ら し の か た ち ま も り た く て き
ラ ファ シ ファ ソ ミ ♯ド ラ ラ ファ ♯ソ ミ

Dm7 E7 Am7 Gm7 C7 Fmaj7 G
ラ ミ レ ド ド レ ミ ド シ レ ミ ド ミ ソ ラ ミ ド シ ソ ミ レ
べ てー が かわら なくたってだれか の いちにちにほ
ファ レ ♯ソ ♯ソ ド ラ ♭シ ド ラ ラ ♮シ シ
レ ミ ミ ラ ♮ソ ファ ファ ソ ソ
Em7 Am7 Dm7 G C C7
ミ ミ ラ ソ ミ レ ド ラ ソ ラ ミ レ ド ラ ド ド ソ ラ ド
ら すこしだけあ ざやかないろどり を かがや
ソ ミ ミ ミ ファ レ レ レ ミ ソ ♭シ ド
ミ ラ ラ レ ソ ソ ド ミ
J Fmaj7 G Em7 Am7 Dm7 E7
レ レ ドレ ミ ソ ド ド ソ ラ ド レ レ ドレ ミ ソ ソ
く ほうせーきだと か きんぱ く ではなーいけれ
ラ ラ ♮シ シ ソ ソ ド ド ファ ファ ♯ソ ♯ソ
ファ ファ ソ ソ ミ ミ ラ ラ レ レ ミ ミ
Am AmM7/G♯ Gm7 C7 F♯m7-5 G/F E7 A7
ミ ソ ド レ ミ ソ ラ ラ シ ド ソ ファ ソ ソ ファ ミ レ ド
ど こんなふう に せかいじゅう が ささやかな
ド ド ♭シ ド ラ ♯ファ シ シ レ ミ ♯ド ♮ソ
ラ ♯ソ ♮ソ ♯ファ ♮ファ ファ ミ ラ

Dm7 G C C7 H Fmaj7 G
ド レ ミ ファ ミ ド ラ ド ド ミ ソ ラ ミ ラ シ ミ シ
き てい た い だ け な の に か な しい き も ち に の
mp
ファ レ レ ソ ミ ド ミ ド ミ ♭シ ド ファ レ ソ
Em7 Am7 Fmaj7 E7 Am7 Gm7 C7
ド シ ラ ソ ミ ソ ミ レ ド レ ミ ラ ド レ ミ ド シ レ ド ミ ソ
み こ ま れ て こ こ ろ が く ろ く そ ま り か け て も ゆ る
ソ ミ ミ ラ ラ ファ ♯ソ ミ ド ラ ♭シ ♮ソ ド
Fmaj7 G Em7 Am7 Fmaj7 G
ラ ミ ラ シ ミ シ ド シ ラ ソ ミ ソ ミ レ ミ ラ ド レ ミ ソ ド
す こ と で み と め る こ と で ぼ く ら は つ な が り あ え
p
mp
ファ ソ ミ ラ ラ ファ シ ソ
C I Fmaj7 G Em7 Am7
ド ミ ミ ソ ラ ミ ド シ ソ ミ レ ミ ミ ラ ソ ミ レ ド
る ぼ く ら に い ま で き る こ と そ れ だ け で す
f
ミ ド ミ ド ミ ド ド ファ ド ファ レ ソ ソ ソ ミ ミ ミ ラ ミ ラ

Am7 C7/G Fmaj7 G Em7 E7/G♯ Am7
ソ ラ ド レ ミ ラ ソ ミ レ ミ ラ ミ レ ド レ ド レ ソ レ ド ラ
づかないうちに きずつけあってし まうのはなぜお
ド ♭シ ラ ♮シ ソ ♯ソ ド
ラ ♮ソ ファ ソ ミ ラ
Dm7 G C D Fmaj7 G
ド レ ミ ファ ミ ド ラ ド ミ ミ ソ ラ ミ ド シ ソ ミ レ
なじそらのしたで ぼくら はいろとりどり
f
ファ レ ミ ミ ミ ミ ド ド レ ソ
レ ソ ド ド ド ド ファ ファ ソ
Em7 Am7 Dm7 E7 Am7 Gm7 C7
ミ ミ ラ ソ ミ レ ド ラ ミ レ ファ ミ レ ミ ド ラ ソ ミ ミ ソ
のいのちとこの ばしょーでともに いきているそれぞ
ソ ミ ミ ミ ファ レ ♯ソ ♯ソ ド ♭シ ド
ミ ラ ラ レ ミ ミ ラ ♮ソ
Fmaj7 G Em7 Am7 Dm7 G
ラ ミ ド シ ソ ミ レ ミ ミ ラ ソ ミ レ ド ラ ソ ラ ミ レ ド ラ ド
れひともくさき もはなもとりも かたよせあいなが
ラ ラ ♮シ シ ソ ミ ミ ミ ファ レ レ レ
ファ ファ ソ ソ ミ ラ ラ レ ソ ソ

C C7 E Fmaj7 G Em7 Am7
ド ミ ミ ソ ラ ミ ド シ ソ ミ レ ミ ミ ラ ソ ミ レ ド
ら ぼ く ら は も と め る も の も え が い て る み
Dm7 E7 Am AmM7/G♯ Gm7 C7 F♯m7-5 G/F
ラ ミ レ ド ド レ ミ ラ ソ ド ミ ソ ラ ミ ド シ ソ ミ レ
ら いー も ち が う け れー ど て と て を と り あ え た な
E7 A7 Dm7 G C C7
ミ ミ ラ ソ ミ レ ド ラ ソ ラ ミ レ ド ラ ド ド ラ ソ ミ レ ド
ら き っ と わ ら い あ え る ひ が く る か ら ぼ く に は い
Fmaj7 G F Fmaj7 G Em7 Am7
ラ ソ ラ ミ レ ド ラ ド ド レ ミ ソ ド ド ミ ソ ラ ド
ま な に が で き る か な
mf
mp

Dm7 E7 Am7 C7/G Fmaj7 G
レ レ ド レ ミ ソ ソ ミ ラ ソ ミ レ ド ラ ド レ ミ ソ ド
レ ミ ♯ソ ラ ド ♭シ ミ ファ ソ
Em7 Am7 Dm7 G C
シ レミソ ラ ソ ミ レ ド ラ ソ ラ ミ レ ソ シ ド ミドソ ソ ラ ド
だ れ か
mf
ミ ラ レ ソ ド ド ミ ド ミ ド ミ ド
G
Fmaj7 G/F Em7 A7 Fmaj7 E7
ミ レ レ ド ド ラ ミ ソ ラ ソ ミ ソ ラ ラ ミ レ レ ド ド ラ ミ
が て に い れ た ゆ た か さ の う ら で か え る ば しょ を う
ラ ファ シ ファ ソ ミ ♯ド ラ ラ ファ ♯ソ ミ
Am7 C7/G Fmaj7 G Em7 E7/G♯ Am7
ソ ラ ド レ ミ ソ ラ ミ レ ミ ラ ミ レ ド レ ド レ ソ レ ド ラ
ば わ れ た な か ま ほ ん とう は か れ も よ り そ い あっ て い
ド ラ ♭シ ♮ソ ラ ファ ♮シ ソ ソ ミ ♯ソ ド ラ

Dm7 G C C7
K
Fmaj7 G
あいであふれたな ら なにかがほ ら かわるはず
G♯dim Am7 Dm7 G C C7
さ おなじそら のしたいつかきっ と それがちい
Fmaj7 G
L
Fmaj7 G
さなぼくの おおきなゆ め
mp
Em7 Am7 Dm7 G C

ツバメ

作詞・作曲　Ayase
ピアノ編曲　小島紀代美

C F C C G7
ド ド ラ ラ ド ソ ♯ファ ソ ラ ソ ミ ド シ ソ ♯ファ ソ
すき ですき でスキップ ラ ラ ラ ラン ラン ラン ラン ラン スキップ スキップ ラ ラ ラ
ミ ド ファ ド ミ ド ド ソ ミ ソ ミ ソ ミ レ ソ ファ ソ ファ
G7 C C7
ラ ソ ♮ファ レ ド ド シ ド レ ド ソ ド シ ド
ラン ラン ラン ラン ラン スキップ スキップ ラ ラ ラ ラン ラン ラン ラ ラ ラ
シ ソ ファ ソ ファ ソ ファ ド ソ ミ ソ ミ ソ ♭シ ミ ♭シ ミ
F C G7 C G7 C
レ ド ラ ラ ソ ファ ミ ソ ファ ミ レ ファ ミ レ ド ソ ファ ド ミ
ラン ラン ラン ラ ラ ラ ラン ラ ラ ララン ラ ラ ラ ラン スキップ スキップ
ド ラ ファ ラ ファ ソ ド ソ シ ド ソ ド

ラン
ラン
ラン

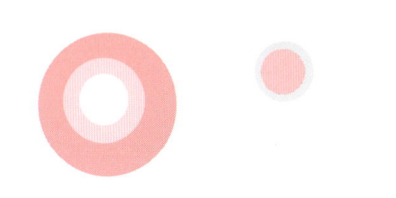

ドロップスのうた

作詞：まど・みちお　作曲：大中 恩

神さまが流した涙がドロップになるなんて、詩人まど・みちおならではの素敵な発想だと思いませんか？　作曲の大中恩は自身も土田藍のペンネームで作詞も多数手がけています。

E Am
ミ ミ ミ ミ ミ ミ ミ ラ ミ
まっ か な な み だ が ポロン ポロン
すっ ぱ い な み だ が ポロン ポロン
♯ソ ミ ラ ド ミ ラ ラ ド ミ ラ
Dm E7
ファ ファ ファ ファ ファ ファ ファ シ ミ
きい ろ い な み だ が ポロン ポロン
あ ま い な み だ が ポロン ポロン
ファ レ ミ ♯ソ シ レ ミ ♯ソ シ ミ
Dm G C Am
ファ ソ ラ シ シ シ ラ ソ ミ ソ ド ド
そ れ が せ かい じゅ う に ち ら ばっ て
レ ソ ド シ ラ ソ
Dm C G C
レ ド シ ラ ソ ド シ ド
い ま で は ド ロッ プ ス ー
ファ ソ ソ ド ソ ミ ソ ド ソ ミ ソ

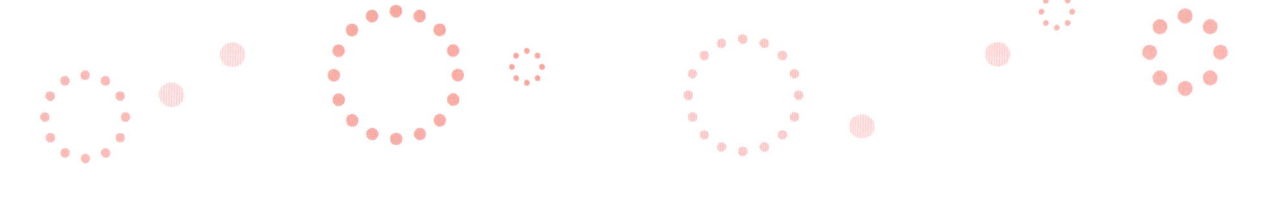

*1 アルペッジョ（arpeggio）和音の各音を同時にではなく、順番に演奏する　*2 フェルマータ（fermata）音符または休符を十分に延ばす。延長記号

はしるのだいすき

作詞：まど・みちお　作曲：佐藤 眞

秋は運動会の季節。２番の♪あしもはしる　むねもはしる　かおもはしる～という詞は、走ることが楽しくてしかたがない子どもの実感でしょうか？　元気に走る姿が目に浮かびます。

線路はつづくよどこまでも

作詞：佐木 敏　アメリカ民謡

アメリカ開拓時代、鉄道建設現場の工夫たちの労働歌が原曲。日本に伝わった当初は原曲訳の「線路の仕事」という題名。子ども向けの歌詞に生まれ変わるのは 1967（昭和42）年以降。

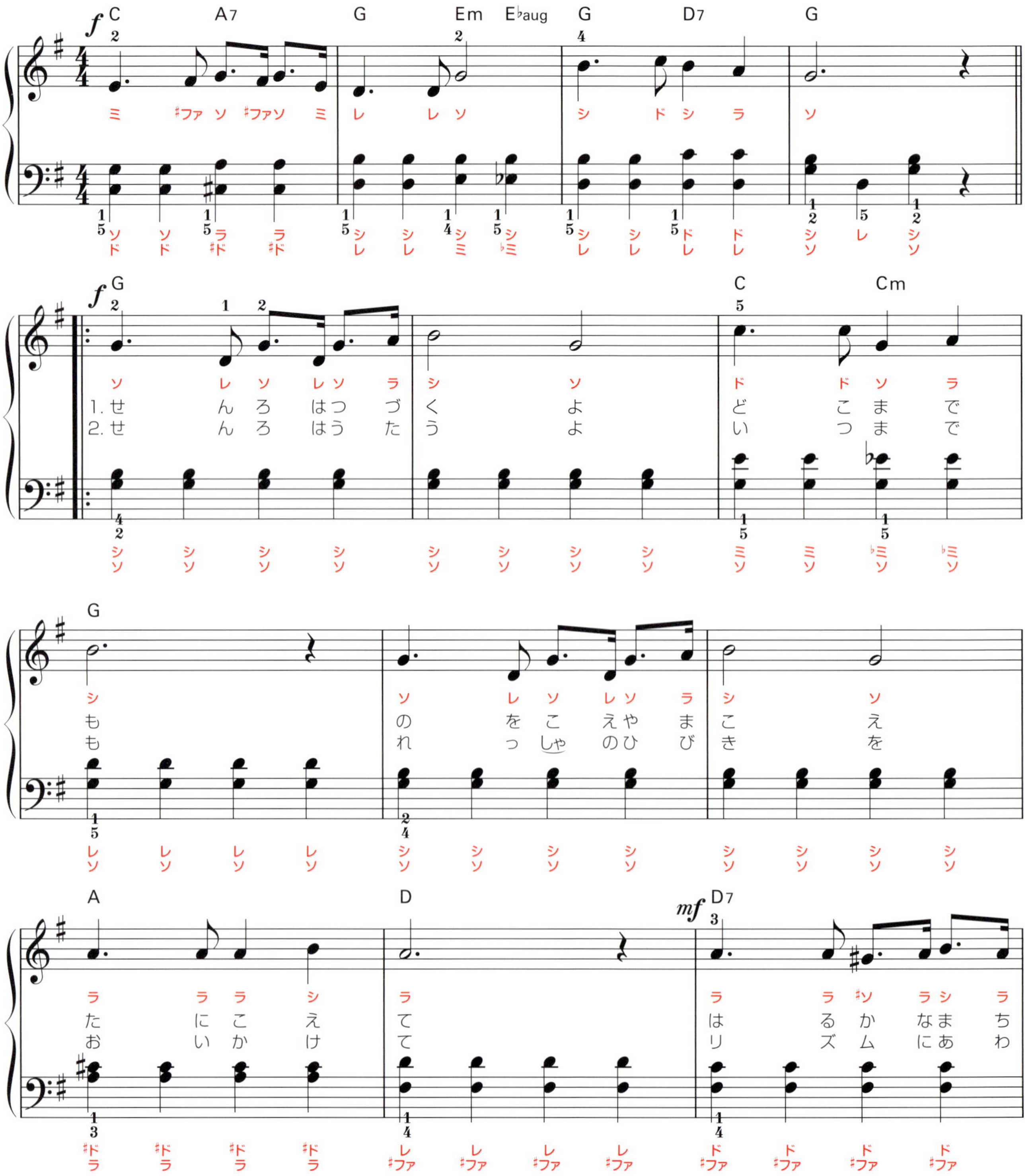

C A7 G Em E♭aug G D7 G
G C Cm
G
A D D7
1. せんろはつづくよどこまでも のをこえやまこえ たにこえて はるかなまちまで
2. せんろはうたうよいつまでも れっしゃのひびきを おいかけて リズムにあわせて
f
mf

G C Cm B
ソ レ ド ド ソ ラ シ ラ ソ ファ
ま で ぼ く た ち の
せ て ぼ く た ち も
C A7 G Em E♭aug G D7 G
ミ ファ ソ ファ ソ ミ レ レ ソ シ ド シ ラ ソ
た の し いた び の ゆ め つ な い で る
た の し いた び の う た う た お う よ

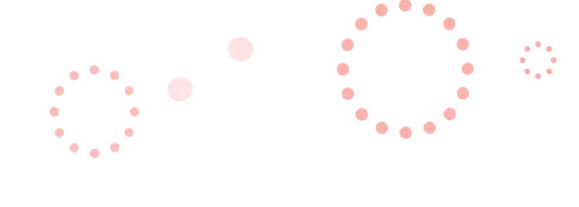

わんぱくマーチ

日本語詞：阪田寛夫　作曲：ベルグマン

1964年のNHK『みんなのうた』が初回放送。「へびもとかげもこわくはないぞ」と歌う勇ましいマーチ曲です。阪田寛夫は「サッちゃん」の作詞者としても知られています。

♩=120
1.2. いざゆけやなかまたち
めざすはあのおかい　あしおとを　ひびかせて　かたをくんでいこう
なにもこわくない　いざうでを　ふりあげろ　むねをぐんではれ
やぶりのなかかもおそれずすすめ　へびもとかげも
もりのなかかはあざみやいばら　ひざっこぞうが

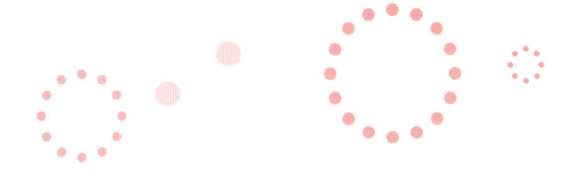

LA GUERRE DES BOUTONS　　「わんぱくマーチ」
作曲：Josc Marcel BERGHMANS　作詞：Francis LEMARQUE
日本語詞：阪田 寛夫

バスごっこ

作詞：香山美子　作曲：湯山 昭

♪大型バス～という出だしからして、ボンネットが前につき出たクラシカルなバスをイメージしてしまいますね。歌っているうちに、自分も揺られている気分になってきます。

♩=138
1.2.3. おおがたバスに のってます
きっぷをじゅんに わたしてね おとなりへ (ハイ) おとなりへ (ハイ) おとなりへ (ハイ) おわりのひとは ポケットに
いろんなとこが みえるので よこむいた (ア) うえむいた (ア) したむいた (ア) うしろむいた (ア) うしろのひとは ねーむった
だんだんみちが わるいので ごっ(ｯ)つんこ (ドン) ごっ(ｯ)つんこ (ドン) ごっ(ｯ)つんこ (ドン) おしくらまんじゅう ギュッギュッギュッ

あらどこだ

作詞：神沢利子　作曲：越部信義

「わにの耳」「ぶたのひげ」「ライオンのつの」って、あらどこだ？　たくさんの動物が出てくるにぎやかな歌です。NHK『おかあさんといっしょ』で歌われ、話題を集めました。

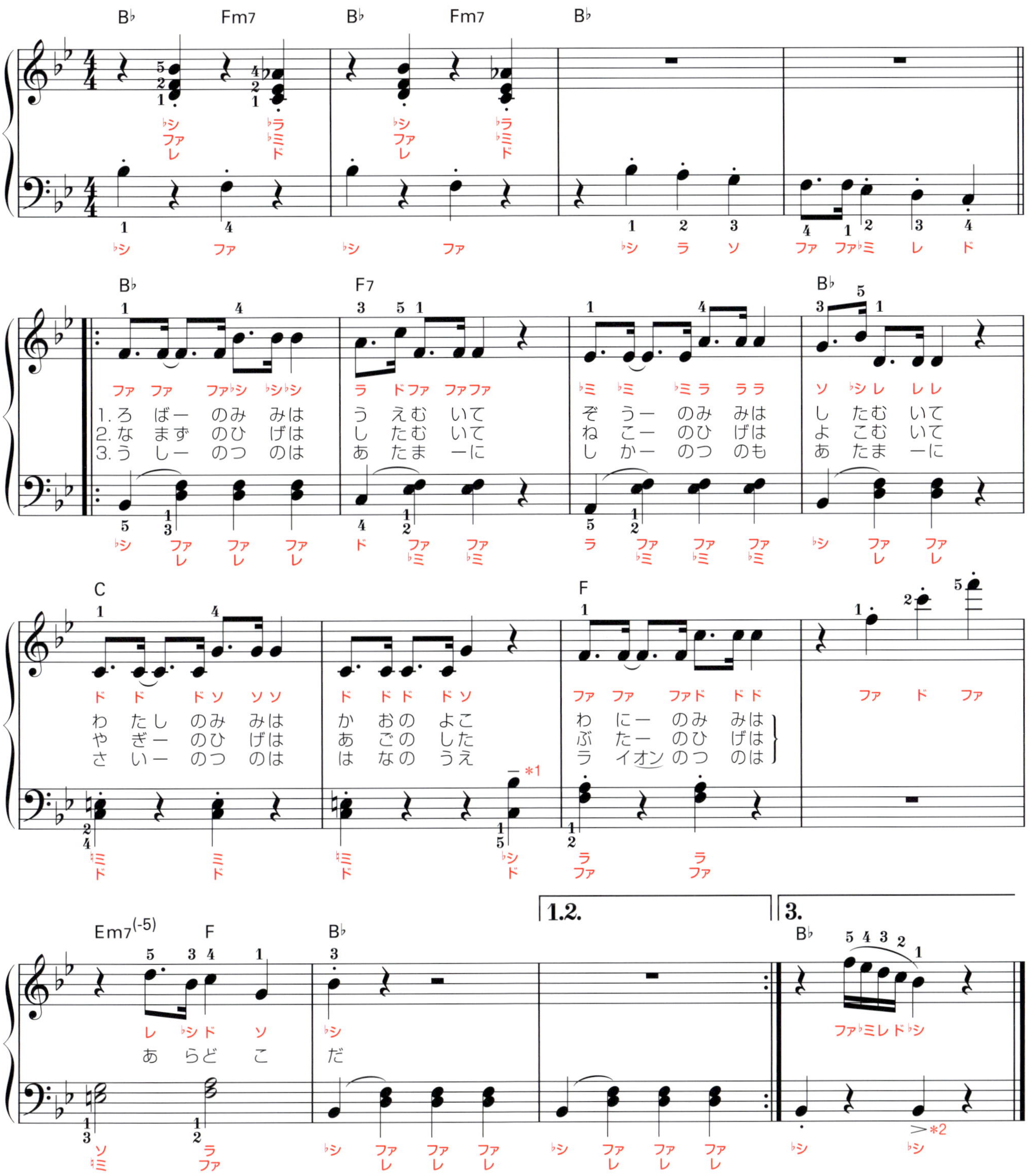
B♭ Fm7 B♭ Fm7 B♭
B♭ F7 B♭
1.ろ ばー のみ みは う えむ いて ぞ うー のみ みは し たむ いて
2.な まず のひ げは し たむ いて ね こー のひ げは よ こむ いて
3.う しー のつ のは あ たま ーに し かー のつ のも あ たま ーに
C F
わ たし のみ みは か おの よこ わ にー のみ みは
や ぎー のひ げは あ ごの した ぶ たー のひ げは
さ いー のつ のは は なの うえ ラ イオン のつ のは
Em7(-5) F B♭
あ らど こ だ
1.2.
3.
B♭
*1
*2

＊1 テヌート（tenuto）音符の長さを十分に保って演奏する　＊2 アクセント（accent）特に強く演奏する

ぞうさんのぼうし

作詞：遠藤幸三　作曲：中村弘明

1987（昭和62）年7～8月、NHK『おかあさんといっしょ』で披露。こねこ、こぶた、こだぬきがぼうしの中に次々に入る様子をペープサートや劇にして楽しむこともできますね。

Dm C C7
レ ファ レ ド シ ド レ ド シ ド レ ミ ファ ソ
ニャン ニャン さんびきよんひき ニャン ニャン ニャン ニャン
ブー ブー さんびきよんひき ブー ブー ブー ブー
ポン ポン さんびきよんひき ポン ポン ポン ポン
ファ レ ファ レ ソ ミ ♭シ ド
F G C
ラ ソ ソ ファ ミ レ ド シ ド レ ミ ド ソ
ごひきはいって ニャン ニャン ニャン ニャン ニャン ギュー
ごひきはいって ブー ブー ブー ブー ブー ギュー
ごひきはいって ポン ポン ポン ポン ポン ギュー
ラ ファ ソ ド ソ
C C
ド ミ レ ド レ ミ ミ ミ ファ ソ ソ
ギュ ぞうさんが わすれていった
ギュ
ギュ
ド ド ソ ド ミ
F G C G7 C
ラ ソ ファ ミ ファ ミ レ ド シ ド レ ド ソ ド ミ レ ファ ミ レ ド
おおきなおおきな ぼうし
ファ ソ ラ シ ド ソ ド

そうだったらいいのにな

作詞：井出隆夫　作曲：福田和禾子

「そうだったらいい！」と大人だって思ってしまうような、夢がいっぱいつまった歌。井出隆夫は山川啓介の筆名でアイドルや歌手たちにも詞を提供。ヒット曲が数多くあります。

F G F G C C7 F
ファ ソ ラ シ
ラ シ ド レ
ミ ファソ ソ ソ ド シラ シド
1.2.3.4.5. そー うだっ た ら い いの にな
ソ ソ ソ ソ ソ ソ ソ ソ ド ソ ♭シ ソ ラ ファ ラ ファ
G7 1.2.3.4.5. C C
シ ラシ シ ラ ソ ファミ レド (ミ) ミ ミ ファソ ソソ ソ ラ ソファ ミソ
そー うだっ た ら い いの にな
うち のお にわ が ジャ ング ルで
チ ビッ コギャ ング の お やぶ んで
サ ンタ クロ ーー ス つ かま えて
ママ がこ ども に な っちゃ って
マホ ーつ かい と きょ うだ いで
ソ ファ ソ ファ ソ ド ソラ シ ド ソ ミ ソ ド ソ ド ♯ド
Dm G7 6. G7 C
レ レレ ミファ ファ ファ ファ シシ ラソ ソ ファミ レド
こ いぬ のタ ロー が ラ イオ ンだ い いの にな
お おき なゴ リラ が よ うじ んぼう
う ちだ けま いば ん ク リス マス
わ たし がか わり に お かあ さん
こ まっ たと きー は × ×× ××*1
レ ラ ファ ラ レ ソ ファ ソ ソ ド

*1「×××××」には「チチンプイプイ」など、まほうの言葉を入れて歌う

ひよこのダンス

作詞：平井多美子　フランス民謡

アメリカの「10月祭」でよく見られるというチキンダンス。ダンスというよりも、子どものお遊戯のようなふりなので、イベントなどでも気軽に楽しまれています。その曲がこれ。

山の音楽家

作詞：水田詩仙　ドイツ民謡

原曲はドイツ民謡。1948(昭和23)年、『小学音楽(四)』掲載が初出。1964(昭和39)年にはNHK『おかあさんといっしょ』で放送されるなど、広く親しまれるようになりました。

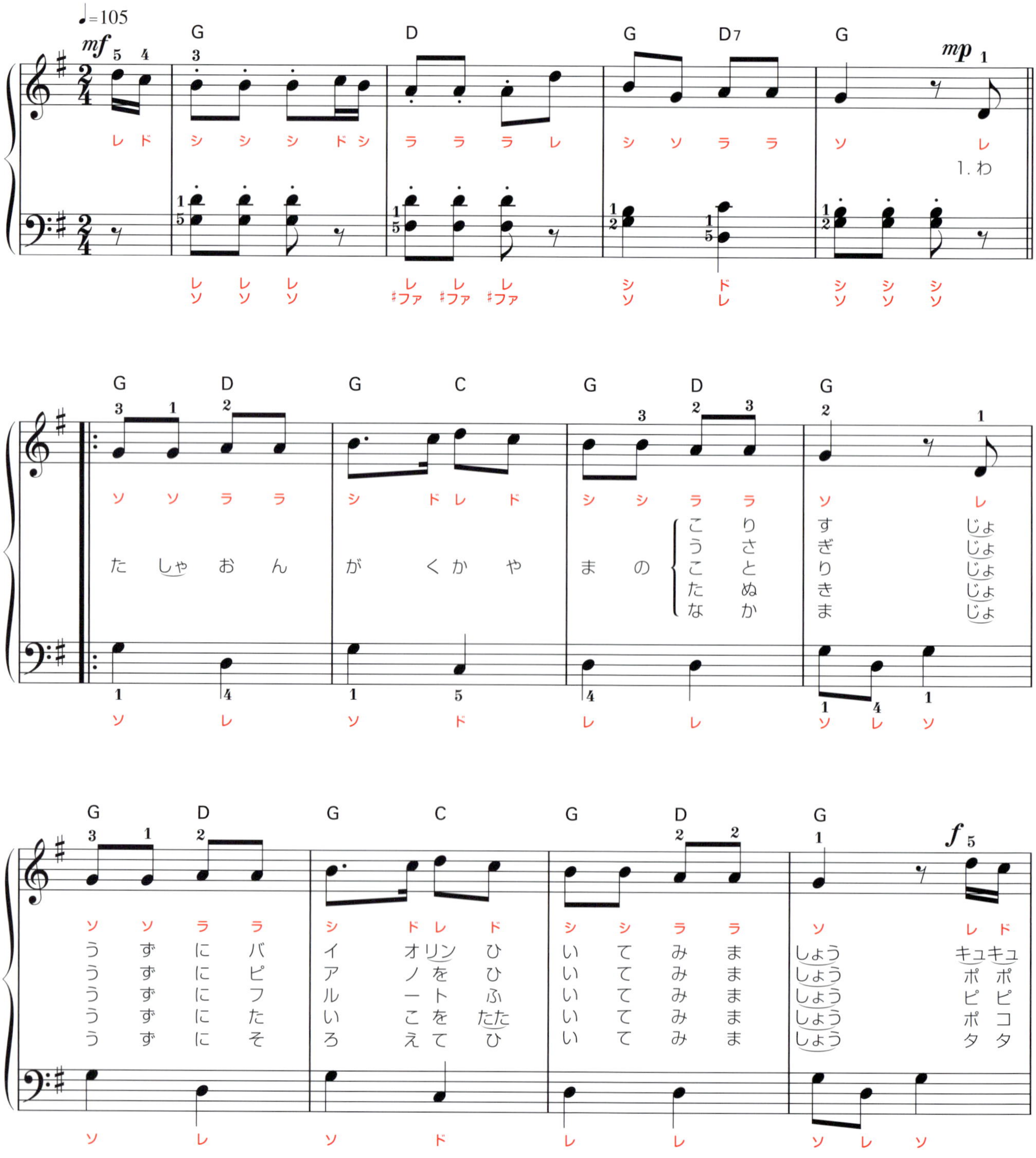
♩=105
1. わたしゃおんがくかやまのこりす じょうずにバイオリンひいてみましょう キュキュ
うさぎ じょうずにピアノをひいてみましょう ポポ
ことり じょうずにフルートふいてみましょう ピピ
たぬき じょうずにたいこをたたいてみましょう ポコ
なかま じょうずにそろえてひいてみましょう タタ

G D *p* G D *mp*
シ シ シ ド シ　ラ ラ ラ レ ド　シ シ シ ド シ　ラ ラ ラ レ
キュ キュ キュ キュキュ　キュ キュ キュ キュキュ　キュ キュ キュ キュキュ　キュ キュ キュ
ポロン ポロン ポロン ポ ポ　ポロン ポロン ポロン ポ ポ　ポロン ポロン ポロン ポ ポ　ポロン ポロン ポロン
ピ ピ ピ ピ ピ　ピ ピ ピ ピ ピ　ピ ピ ピ ピ ピ　ピ ピ ピ
ポン ポン ポン ポ コ　ポン ポン ポン ポ コ　ポン ポン ポン ポ コ　ポン ポン ポン
タン タン タン タ タ　タン タン タン タ タ　タン タン タン タ タ　タン タン タン
い
レ ソ　レ ソ　レ ソ　レ #ファ　レ #ファ　レ #ファ　レ ソ　レ ソ　レ ソ　レ #ファ　レ #ファ　レ #ファ
1.2.3.4.　5.
G D7 G G G D7 G
シ ソ ラ ラ　ソ レ　ソ レ　シ ソ ラ ラ　ソ ソ
か ー が で す
2. わ
3. わ
4. わ
5. わ
す
シ ソ　ド レ　シ ソ　シ ソ　シ ソ　シ ソ　シ ソ　シ ソ　シ ソ　ド レ　シ ソ　シ ソ　シ ソ

いもほりのうた

作詞：高杉自子　作曲：渡辺 茂

いもほりは収穫の秋の楽しいイベント。掘り起こしたあとは、おいしい給食やおやつになります。作詞の高杉自子は保育、幼児教育に関する本をたくさん執筆しています。

♩=100
1.2.3. うん と こしょ
どっ こい しょ
うん と こ しょ
どっ こい しょ
で て く る お い も は
ど ろ ん こ お い も
でっ かい ぞ
ちっ ちゃい ぞ
まっ かだ よ

*1 アクセント(accent) 特に強く演奏する

どんぐりころころ

作詞：青木存義　作曲：梁田 貞

1921（大正10）年の『かわいい唱歌』に掲載。リスに山へと連れていってもらうハッピーエンドの幻の３番がマスコミでも話題になりましたが、青木存義とは関わりないものだとか。

1. どんぐりころころ どんぶりこ
2. どんぐりころころ よろこんで
おいけにはまって さあたいへん
しばらくいっしょに あそんだが
どじょうがでてきて こんにちは
やっぱりおやまが こいしいと
ぼっちゃんいっしょに あそびましょ
ないてはどじょうを こまらせた

わらいごえっていいな

作詞・作曲：田山雅充

楽しそうに笑っている声を聞くと、思わずニッコリほほ笑んでしまいます。笑顔で歌いたい楽曲ですね。弟やパンダは♪オホホホ～と、笑うのでしょうか？

＊1 アルペッジョ（arpeggio）和音の各音を同時にではなく、順番に演奏する
＊2 セーニョ（segno）D.S.からこの記号に戻り演奏する　＊3 D.S.でくり返されたあと、最後のΦCodaに進む

C Dm C C7 F C G Gaug Gaug G C G7 C
おにいちゃんが イッ ヒッ ヒッ おかあさんが ウッ フッ フッ
うまがわらう イッ ヒヒン ヒヒン ぶたがわらう ブッ ブフン ブフン
おねえちゃんが ー エヘッ ヘッ おとうとも わらうー
やぎがわらう ー メメヘエ メヘエ パーンダも わらうー
オホホホホ ホん？ うそ〜っ！
オホホホホ ホん？
1. 2.
うそ〜っ！
D.S. *4
Coda *5
うれしくなっちゃうよ

*4 ダル・セーニョ(dal segno) 𝄋まで戻り、fineまたはフェルマータまで演奏する　*5 D.S.でくり返されたあと、to 𝄌からとぶ

ドコノコノキノコ

作詞：もりちよこ　作曲：ザッハトルテ

NHK『おかあさんといっしょ』で2010（平成22）年秋に紹介されるや、問い合わせやリクエストが殺到の人気曲。その年の大晦日には『紅白歌合戦』でも披露され、幅広い層で話題に。

Em Am B7 Em Em Am
ミ シ ♯ラ シ　ド ドシラ ♯ファ　ラ ラソ♯ファ ♯レ　ミ♯ファソラ シ　ミ シ ♯ラ シ　ド ドシラ ド
B7 Em Em Am B7 Em
♯レ ♯レミ♯ファ ♯レ　ミ ミ　ミ シ ♯ラ シシ　ド シ ♮ラ　ラ シラソ ♯ファ　ソ ラ シ
1.2.3. ド コ ノ コノ　キ ノ コ　コ ノキノ コ　ド コ ノ
E7 Am B7 Em B7 Em Em
ミ シ ♯ラ シシ　ミ レ ド　シ ドシラ ソ　ソ ♯ファ ミ　シ シ シ
ド コ ノ コノ　キ ノ コ
モ ーーーリ ノ　キ ノ ココ　も り のの
ソ ーーーラ ノ　キ ノ ココ　そ ら のの
ウ ーーーミ ノ　キ ノ ココ　う み のの
Em Am D7
シ シ ラ ソ　ラ ラ(ラ) ラ シ　ド シ ラ　ラ ラ ラ　ラ ラ(シ ラ) ソ ♯ファ
き の こ は　ら っ ぱ に　な っ て　おん ぷ が　く も ま で
き の こ は　らっ か さん に　な っ て　あ お い　な み ま に
き の こ は　く ら げ に　な っ て　みど り の　も ーー り の

G B Em Am B7 Em
ソ ソ ソ ラ シ ミ ミミシシ ドドラ ラ シ シ シ♯ファ♯ファ ソソミ ミ
とんでっ た ぷっ ぷるぱぱ~ ぷるぱっぱ~ ぷっぷる ぱ ぱ~ ぷるぱっぱ~
まいおり た する するらら~ するらっら~ するする ら ら~ するらっら~
ゆめをみ た ゆら ゆらるる~ ゆらるっる~ ゆらゆ ら る る~ ゆらるっる~
レ シ ソ シ ♯レ シ ♯ファ シ
F♯m7(-5) B Em Em Am
ラ ソ ♯ファ ソ ラ シ ド ラ シ シ ♯レ ♯レ ミ ミ シ ♯ラ シシ ド シ ♮ラ
そらには うみには だれにも ないしょの はなしだ よ(ンダダ ンダ~) ドコノコノ キノコ
♯ファ ド シ シ
poco a poco accel.*2
*1
B7 Em E7 Am B7
ラ シラソ ♯ファ ソ ラ シ ミ シ ♯ラ シシ ミ レ ド シ ドシラ ソ
コ ノキノ コ ドコノ ドコノコノ キノコ
モ ーーーリ ノ
ソ ーーーラ ノ
ウ ーーーミ ノ
キ ーーーノ コ
1.2.3. 4.
a tempo*3
*4
Em B7 Em Em B7 Em F♯m7(-5) B Em
ソ ♯ファ ミ ソ ♯ファ ミ ラ ソ ♯ファ ソ ラ シ ド ラ シ シ ♯レ ♯レ ミ
キノコ キノコ かみさま だけーが しってる よ (ホイ!)
♯ファ ド シ シ

＊1 アクセント(accent) 特に強く演奏する　＊2 ポコ・ア・ポコ・アッチェレランド(poco a poco accelerando) 少しずつ速くする
＊3 ア・テンポ(a tempo) 元の速さに戻す　＊4 フェルマータ(fermata) 音符または休符を十分に延ばす。延長記号

おはなしゆびさん

作詞：香山美子　作曲：湯山 昭

1962（昭和37）年、NHKラジオ『みんなであそぼう』で放送。５本の指を家族にたとえていく詞にあたたかみが感じられます。2007（平成19）年、文化庁「日本の歌百選」に選定。

♩=110
F　B♭　C7　F　F
ラ　レ ドファ　レ ファ　ミ ♭シ　ファ ラ　ド ファファ ラ レ ラ
1. こ の ゆ び パ パ
2. こ の ゆ び マ マ
3. こ の ゆ び にい さん
4. こ の ゆ び ねえ さん
5. こ の ゆ び あか ちゃん
ファ ド ♭シ ♭シ　ド ファ ド レ ミ　ファ ド ファ ド
F　C7
ド ド ド ミ レ ラ　ド ド ド ド ド ド ド ド　ド レ ミ ファ ソ ラ ♭シ
ふ とっ ちょパ パ　や あ や あ や あ や あ　ワ ハ ハ ハ ハ ハ ハ
や さし い マ マ　ま あ ま あ ま あ ま あ　オ ホ ホ ホ ホ ホ ホ
お おき いにい さん　お す お す お す お す　エ ヘ ヘ ヘ ヘ ヘ ヘ
お しゃれ なねえ さん　あ ら あ ら あ ら あ ら　ウ フ フ フ フ フ フ
よ ち よ ちあか ちゃん　う ま う ま う ま う ま　ア ブ ブ ブ ブ ブ ブ
ファ ド ファ ド　ソ ド ソ ド　♮シ ♭シ ラ ソ ファ ミ
1.2.3.4.　5.
F　B♭　C7　F　C7　F　Fmaj7
*1
ラ　レ ドファ　レ ファ　ミ ♭シ　ファ ラ　ミ ♭シ　ファ ラ　ラ ミ
お ー はな し　す る　す る
ファ ド ♭シ ♭シ　ド ファ ド レ ミ　ド ファ　ド ファ

＊1 アルペッジョ（arpeggio）和音の各音を同時にではなく、順番に演奏する

かぜさんだって

作詞：芝山かおる（補作詞：サトウハチロー）　作曲：中田喜直

風の訪れを、窓をノックする音や口笛、絵本をめくって覗き込むものなどにたとえた子どもへの優しい眼差しが感じられる曲。中田喜直の父は名曲「早春賦」を作曲した中田章です。

♩=96
Am7 G C G Am C C F C G C D G7 C Am7 G C
1.2.3. かぜさん だって
おててがあるよ
おくちがあるよ
おめめがあるよ
ほんとだよ
ほんとだよ
ほんとだよ
おまどをとんとん
くちぶえふきふき
えほんをぱらぱら
ほらね
ほらね
ほらね
たたいている
どこかへいく
ながめている
よ
よ
よ
*1

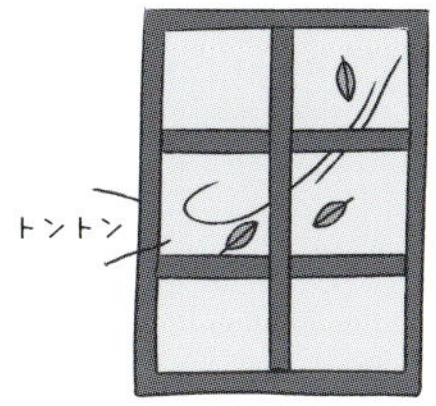
トントン

＊1 アルペッジョ（arpeggio）和音の各音を同時にではなく、順番に演奏する

パレード

作詞：新沢としひこ　作曲：中川ひろたか

見物人が見守るなか、行列で進むパレード。誇らしい気持ちや胸の高鳴りが伝わってきそうな歌です。すばらしい明日へと押し出してくれるようなフレーズが魅力です。

＊1 セーニョ(segno) D.S. からこの記号に戻り演奏する　＊2 D.S. でくり返されたあと、最後の Coda に進む

D G ＊1 𝄋 C G D
おお おき なこ え で
おお おき なそ ら に
パ パ パ パ
パレー ド ー
ど ど ど ど
G C G ＊2 to 𝄌 1. A D
ど こま でも
パ パ パ パ
パレー ド ー
あ した はつ づい て
G 2. A7 D ＊3 C
る
あ した はつ づい て
る だ れ
だ っ て こ
G D G G7 C Cm G Em
こ ろ に す ば
ら し い ち
か ら が ね
む っ て い
る ん だ さあ
rit.＊4
A D
め を さ ま
せ
D.S.＊5
𝄌 Coda＊6
A D G
あ した はつ づい て
る

＊3 フェルマータ（fermata）音符または休符を十分に延ばす。延長記号
＊4 リタルダンド（ritardando）だんだん遅く
＊5 ダル・セーニョ（dal segno）𝄋まで戻り、fine またはフェルマータまで演奏する
＊6 D.S. でくり返されたあと、to 𝄌 からとぶ

ミッキーマウス・マーチ

Words and Music by Jimmie Dodd　日本語詞：さざなみけんじ

耳にすれば、「聞いたことがある」とだれでも思う、ディズニーキャラクター「ミッキー」の行進曲。さざなみけんじは「ルイジアナ・ママ」等外国曲を多数訳して日本に紹介。

＊1 テヌート(tenuto) 音符の長さを十分に保って演奏する

B♭ F
マウス ミッ キー マウス さぁ
G7 C
う たおう こ え た か く ヘイ ヘイ ヘイ
*2
F G C F7
み ん な で た の し い ジャ ン ボ リ ー ミッ キーマウス
B♭ B♭m F C F
ミッ キーマウス ミッ キーミッ キー マウス

*2 アクセント(accent) 特に強く演奏する

おもちゃのマーチ

作詞：海野 厚　作曲：小田島樹人

1923(大正12)年に『子供達の歌(二)』に掲載された作品です。人形の兵隊に馬、犬、キューピー…、おもちゃたちが勢ぞろいして、ラッパや太鼓の音に合わせて行進します。

F
にんぎょうのへいたいせいぞろいて
フランスにんぎょうもとびだして
Am Dm B♭ C
1.
F
おうまもわんわもラッタッタ
ふえふきゃたいこがパッパラ
2.
F
パン
*1

*1 アクセント(accent) 特に強く演奏する

きのこ

作詞：まど・みちお　作曲：くらかけ昭二

♪あるいたりしない♪うでなんかださない～とあえて言われると、腕をふって歩くシーンをイメージしてしまいませんか？　きのこのユニークな形がユニークな歌になりました。

♩=130
C
f
mp
F
mf
1.2. き き き の こ き き き の こ
Gm
ノ コ ノ コ ノ コ ノ コ あ るい た り し な い
ニョ キ ニョ キ ニョ キ ニョ キ う で なん か だ さ ない
F
き き
き き
F
き の こ き き き の こ
き の こ き き き の こ
C
ノ コ ノ コ あ るい た り
ニョ キ ニョ キ う で なん か

C F Dm Gm
mp
ドドレミ ファ ラファファ ファミレレ ♭シソソ
しないけ ど ぎん の あめあめ ふっ たら
ださない が ぎん の あめあめ ふっ たら
ソ ド ファ ミ レ ファ ラ ソ
A Dm C
ラ ラファファ ファミレレ ♭レド♮レド ♭ミド♮ミド
ば せい が のびてく るるるる るるるる
ば かさ が おおきく なるなる なるなる
ラソファミ レ ファ ラ
C F Gm
mf
♭シドレミ ファファドド ララファファ ソソレレ
いきてる いきてる いきてる
ミファソラ ファ ファ ♭シ
C7 F Dm C C7 F
♭シ♭シソソ ラ ソ ファ ラ ソソドド レミファ
いきてる き の こ は いきてる んだね
ド ファ レ ミ ド ♭シ ド ラ ファ
C F
f
*1
ド ミ ド ミ ド ミ ド ミ ド ミ ド ミ ド ミ ド ミ ド レ ミ ファ
ド ド ファ

こぎつね

訳詞：勝 承夫　ドイツ民謡

古くから伝わるドイツ民謡にオルガン奏者が詞をつけた原曲では、キツネはガチョウ泥棒と歌われています。日本の童謡で歌われるかわいらしい子ギツネとはまさに対照的です。

まつぼっくり

作詞：広田孝夫　作曲：小林つや江

1936(昭和11)年、東京高等師範学校附属小学校の教師をしていた小林つや江が、教え子の広田孝夫の詞に曲をつけて完成したのがこの歌。当時、広田はまだ、小学1年生。

紅葉

作詞：高野辰之　作曲：岡野貞一

1911(明治44)年、『尋常小学唱歌(二)』に掲載。現在も小学４年生用の教材として愛唱されています。１小節ずらして輪唱することで、違ったハーモニーを演出できます。

♩=85
1.あ きのゆ う
2.た にのな が
ひ に て るーや ま も みーじ こ いもう す い も
れ に ち りーう く も みーじ な みにゆ ら れ て
か ずーあ る な か に ま つをい ろ ど る か えーで やー
は なーれ て よ っ て あ かやき い ろ の い ろーさ まー
つ た は や まのふ も と の す そーも よ う
ざ ま に み ずのう え に も お るーに し き

やきいもグーチーパー

作詞：阪田寛夫　作曲：山本直純

ジャンケン遊びをするときは、「チー」はチョキ。手を左右に振る（♪やきいも～）、手を上下させる（♪ほかほか～）、食べるまねをする（♪たべたら～）など、遊びかたはいろいろ。

♩=110
G7 C C
やきいもやきいも
C G G7 C
おなかがグー ほかほかほかほか あちちのチー
C F G7 C
たべたらなくなる なんにもパー それ やきいもまとめて グー チー パー

せっけんさん

作詞：まど・みちお　作曲：富永三郎

石鹸の「いいにおい」をかぎながら、あぶくを「ぶくぶく」たてて手洗いをしたい！ と思わせてくれるような歌。まど・みちおは2009年に100歳を迎え、詩集２冊を発表。

♩=90
1.2. せっ けん さん は
いい にお い
かあ さん よ
おか しの におい
ぶく ぶく あぶく
おは なの におい
かわ いい あぶく
かあ さんの かあ さんの におい
あぶ くの あぶ くの かあさん

コンコンクシャンのうた

作詞：香山美子　作曲：湯山 昭

寒い季節になるとカゼが心配。でもこの歌を聞くと、マスクをするのも楽しいかも…なんて思えてきます。リスさんやつるさんたちと一緒にマスクをして、カゼをやっつけて！

F C F C F C F B♭6 C7 F C F
ファ ドラ ファ レ ド レ ファ ファ レ ド レ ファ
1. リ スさ ん が マ スク し た
2. つ るさ ん が マ スク し た
3. ぶ うちゃ ん が マ スク し た
4. か ばさ ん が マ スク し た
5. ぞ うさ ん が マ スク し た
ミ ファソ ド ファ ソ ラ ド ソ ラ♭シ ド ラ ♮シド ド レ ララ ラ ラ
ち いさ い ち いさ い ち いさ い ち いさ い
ほ ーそ い ほ ーそ い ほ ーそ い ほ ーそ い
ま ーる い ま ーる い ま ーる い ま ーる い
お おき い お おき い お おき い お おき い
な ーが い な ーが い な ーが い な ーが い
マ スク し た
ソ ファミ レ ド ド ド ド ファ ♮シ ド ミファ
コンコンコンコン クシャン
ド レ ミ ファ ド ファ ♮シ
ド ド ド ド ファ ド ♮シ
♭シ ラ ♭シ ♭シ ♭シ ♭シ ♭シ ラ ファ
ソ ソ ソ ソ ファ

いとまき

作詞：不詳　デンマーク民謡

もとはデンマークの作者不詳の民謡。1980年代にテレビ朝日系の『とびだせ！パンポロリン』という子ども番組で歌われ、全国的に大ヒット。手遊び歌としてもおなじみの曲です。

ごんべさんのあかちゃん

作詞：不詳　アメリカ民謡

♪おたまじゃくしはかえるの子～や♪ひとりとひとりが腕組めば～など、同じメロディに乗せて歌われる日本語詞は60種類以上もあるといわれます。原曲はアメリカ「リパブリック讃歌」。

♩=108
Dm Gsus4 G C
C F
ごん べさん の あ かちゃん が
か ぜ ひ いた （クシャン）
ごん べさん の あ かちゃん が
C C
か ぜ ひ い た （クシャン）
ごん べ さん の あ か ちゃん が
E7 Am Dm G7sus4 G7 C
か ぜひ いた （クシャン） そ
こ で あ わて て しっ ぷし た

たきび

作詞：巽 聖歌　作曲：渡辺 茂

巽聖歌がよく散歩をした東京・中野区高田の辺りのたたずまいを歌った曲とされています。戦前の作品ですが、1949（昭和24）年、NHKラジオ放送をきっかけに人々の心に深く浸透。

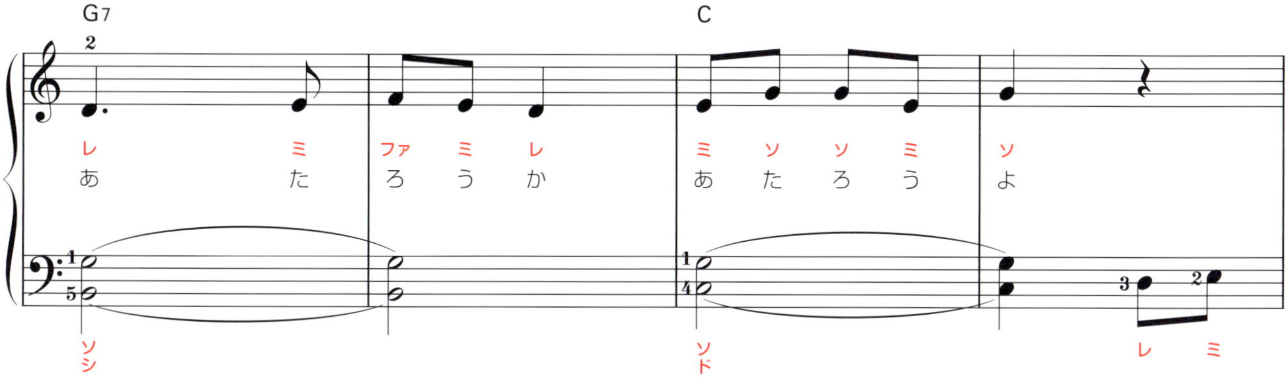
G7 C
レ ミ ファ ミ レ ミ ソ ソ ミ ソ
あ た ろ う か あ た ろ う よ
ソ シ ソ ド レ ミ

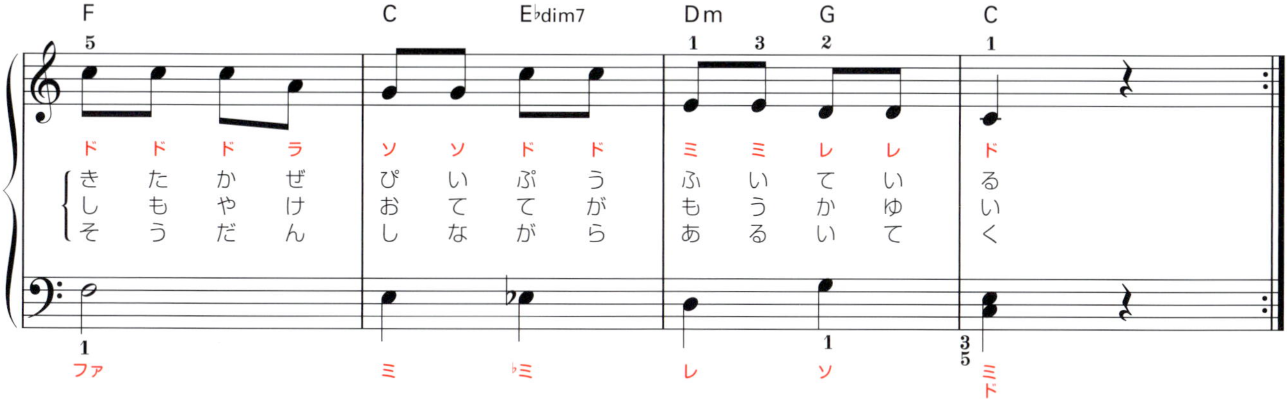
F C E♭dim7 Dm G C
ド ド ド ラ ソ ソ ド ド ミ ミ レ レ ド
き た か ぜ ぴ い ぷ う ふ い て い る
し も や け お て て が も う か ゆ い
そ う だ ん し な が ら あ る い て く
ファ ミ ♭ミ レ ソ ミ ド

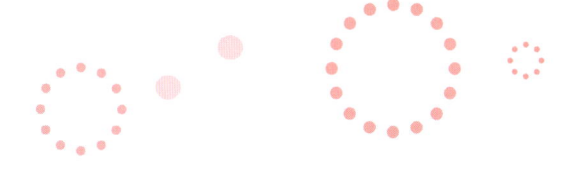

白くまのジェンカ

作詞：平井多美子　作曲：ケン・ウォール

ジェンカとはフィンランドに伝わる、いわばフォークダンス。右足斜め前へ２回、左足斜め前へ２回、両足そろえて前、後ろ、前…。「白くまのジェンカ」は小学校音楽教科書にも掲載。

*1 アクセント(accent) 特に強く演奏する

ペンギンちゃん

作詞：まど・みちお　作曲：中田喜直

燕尾服をまとったような姿で、よちよち歩くペンギン。帽子やステッキはいかにも似合いそう。
旭山動物園（北海道旭川市）では、冬場のペンギンの散歩が大人気です。

♩=104
G Gsus4 G Gsus4 G Am
1.2. ペン ギン ちゃん が お さん ぽ
G A D
し て い た ら
G Em D
そ ら か ら ぼ う し が お ち て き た サン
そ ら か ら ス テッ キ お ち て き た サン
G Am D7 G Gsus4 G
キュー かぶっ て よ ち よ ち い き ま し た
キュー ひろっ て ふ り ふ り い き ま し た
*1

*1 テヌート（tenuto）音符の長さを十分に保って演奏する

あわてんぼうのサンタクロース

作詞：吉岡 治　作曲：小林亜星

クリスマスソングといえば外国曲と思いがちですが、こちらは純国産のクリスマスソング。少しドジなサンタさんの姿をユーモラスに表現できるのは、日本人の発想だから？

＊1 アルペッジョ（arpeggio）和音の各音を同時にではなく、順番に演奏する　＊2 ポコ・リタルダンド（poco ritardando）少しずつだんだん遅く

F F D7
ド ド ド ファ ファ ファ ラ ド ラ
ス クリ スマスま えに
えん とつのぞ いて
しか たがない から
もい ちどくる よと
ゆか いなおひ げの
ラ ♭シ ラ ソ ファ ド ラ ド ♯ファ レ ラ レ
G7 C7 F
ソ ソ ラ ファ ソ ド ファ ラ ラ ラ ソ
やってき たいそ いでリンリン
おっこち たあい たたドンドン
おどった よたの しくチャチャ
かえって くさよ ならシャララン
おじいさ んリンリン リンチャチャ
ソ レ ♮シ レ ド ♭シ ラ ソ ファ ド ラ ド
F7 B♭ Bdim7
ファ ファ ファ ♭シ ♭シ ♭シ ド レ レ レ
リン いそ いでリンリン リン なら
ドン あい たたドンドン ドン まっ
チャ たの しくチャチャ チャ みん
ラン さよ ならシャララン ラン タンブ
チャ ドンドン ドンシャラシャラン ラン わす
♭ミ ド ラ ド レ ♭シ ファ ♭シ ♮シ ♭ラ ファ ♭ラ

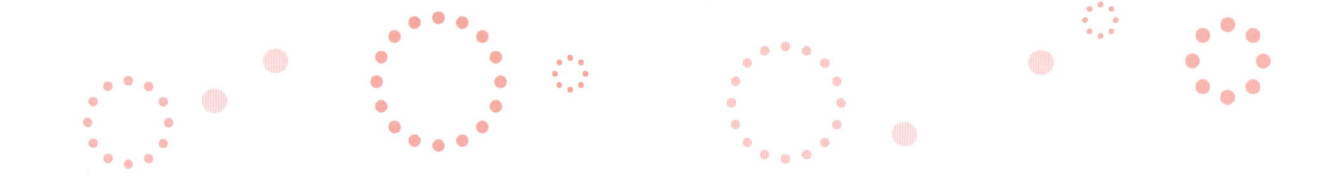

F C7 F
ド ド ラ ド | ♭シ ♭シ ラ ソ | ファ
し て お く | れ よ か ね | を
く ろ く ろ | け の お か | お
な も お ど | ろ よ ぼ く | と
り ン な ら | し て き え | た
れ ちゃ だ め | だ よ お も | ちゃ
ド ラ ファ ラ | ド ♭シ ミ ♭シ | ファ ド ラ ド
F B♭ F C7
レ レ | ド ラ ド | ♭シ ラ ソ
ー リン リン | リン リン リン | リン リン リン
ー ドン ドン | ドン ドン ドン | ドン ドン ドン
ー チャ チャ | チャ チャ チャ | チャ チャ チャ
ー シャラ ラン | ラン シャラ ラン | ラン シャラ ラン
ー シャラ ラン | リン チャ チャ | チャ ドン シャラ
ファ ♭シ | ラ ファ | ド ド
1.2.3.4.
5.
F F
ファ | ド ファ | ファ ラ
リン ドン チャ ラン ラン
2.3.4.5. あ わ
ファ ド レ ミ | ファ | ファ ファ
*3

赤鼻のトナカイ

作詞・作曲：ジョニー・マークス　日本語詞：新田宣夫

250万部ものベストセラー児童書をもとに作られた楽曲で、レコード売上も１位を記録。「サンタが街にやってくる」「ジングルベル」とともに３大クリスマスソングともいわれています。

*1 アクセント(accent) 特に強く演奏する

RUDOLPH THE RED-NOSED REINDEER（赤鼻のトナカイ）
Words & Music by Johnny Marks

ジングルベル

作詞：宮澤章二　作曲：ジェームズ・ピアポント

1857年アメリカ・ボストンの教会で、ピアポント牧師が感謝祭のために創作。「ジングルベル」のタイトルでアメリカ各地に広まりました。日本でも愛されるクリスマスソング。

C D7 G D
ミ ド シ ラ レ レ レ レ ミ レ ド ラ ソ レ ♯ファ
かるいひかりのは なになるよ
がやきはじめたほ しのそらへ
＊1
ド ソ ド ソ ド ♯ファ ド ♯ファ ド レ ド レ シ ソ レ
G C G
ジングルベル ジングルベル
すずがなる
すずのリズムにひか
ソ レ シ レ ソ レ シ レ ソ レ シ レ ソ レ シ レ ソ ミ ド ミ ソ レ シ レ
A7 D7 G G7
りのわがまう
ジングルベル ジングルベル
すずがなる
ラ ミ ♯ド ミ レ ♯ド ♮ド ラ ソ レ シ レ ソ レ シ レ ソ レ シ レ ソ レ ♮ファ レ
1. 2.
C Cm G E Am D7 G Am D7 G
ド ド ド ドド シ シ シ レ レ ド ラ ソ レ レ レ ド ラ ソ ソ シ
もりにはやしにひ びきながら 2.は びきながら
ミ ド ♭ミ ド レ シ ♮ミ ♯ソ ラ レ ソ ソ ラ レ ソ ソ

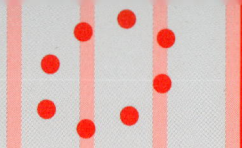

お正月

作詞：東くめ　作曲：滝廉太郎

1901（明治34）年、幼児向け歌集『幼稚園唱歌』に掲載された楽曲。おいしい食べ物、お正月遊びにお年玉など、お正月は魅力がいっぱい！　待ちわびる気持ちがわかりますね。

♩=100
1.2. もう いくつ ねると おしょうがつ
おしょうがつには
たこあげて
まりついて
こまをまわして
おいばねついて
あそびましょう
あそびましょう
はやくー こいこい おしょうがつ

たこの歌

文部省唱歌

お正月の風物詩といえば、羽根つき、かるたとり、こままわし、たこあげ。そんな情景を短い詞の中に歌い込んだ文部省唱歌(1910(明治43)年、『尋常小学読本唱歌』掲載)です。

♩=112
F C G C C
1. たこ─ たこ─ あが
2. えだ─ こに─ じだ
3. あれ─ あれ─ さが
C F C D7 G C
れ かぜ よく うけ て くも─
こ どち らも まけ ず くも─
る ひけ ひけ いと を あれ─
C F C G7 C
まで─ あが れ てん まで あが れ
まで─ あが れ てん まで あが れ
あれ─ あが る はな すな いと を

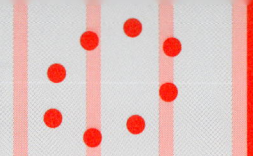

もちつき

作詞：天野 蝶　作曲：一宮道子

昔はどこの家庭にも臼と杵があり、家族全員でおもちをついたものです。つき手とこね手のタイミング、かけ声、湯気、杵の動き。園の行事で子どもたちが夢中になるのも無理ありません。

ゆきのペンキ屋さん

作詞：則武昭彦　作曲：安藤 孝

雪のひとひらが落ちてきたかと思うと、あたりがうっすらと白い粉をかぶったようになる…。
静かに降り積もり、音のない真っ白な世界が現れる…。雪って魔法のようですね。

雪

文部省唱歌

1911（明治44）年『尋常小学唱歌（二）』に掲載された唱歌のひとつです。「雪やこんこ」の「こんこ」とは「来い」「来い」という呼びかけの意というのが有力な説です。

F
やーまも のはらも わたぼうし かぶり
いーぬは よろこび にわかけ まわり
B♭ F C7 F
かれき のこらず はながさく
ねこは こたつで まるくなる

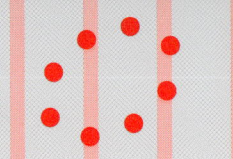

カレンダーマーチ

作詞：井出隆夫　作曲：福田和禾子

1月から12月までの印象深い出来事や風景を、マーチのリズムにのせて歌っていく歌。1年という時の短さと、子どもたちの成長の早さが目に見えるような感慨にとらわれますね。

♩=132
mf
Cmaj7 Dm7 Em7 Dm7 Cmaj7 Dm7 Em7 Dm7
mp
C A7 Dm
1. いちがついっぱい ゆきよふれ にがつのにわには
2. ごがつだごらんよ こいのぼり ろくがつろうかに
3. くがつにくりのみ もうあきだ じゅうがつじゅうごや
G7 C A7
ふくじゅそう さんがつさむさに さようなら
てるてるぼうず しちがつしように みずあそび
おつきさま じゅういちがつじゅんびだ ふゆがくる

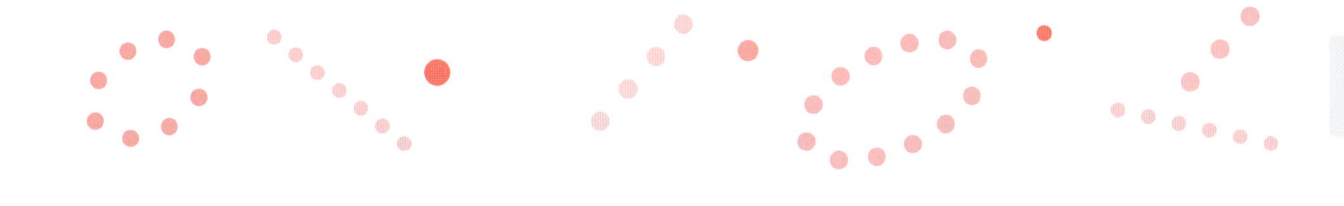

*1 アルペッジョ（arpeggio）和音の各音を同時にではなく、順番に演奏する　*2 フェルマータ（fermata）音符または休符を十分に延ばす。延長記号

北風小僧の寒太郎

作詞：井出隆夫　作曲：福田和禾子

1974（昭和49）年、NHK『みんなのうた』で初登場。児童合唱団とともに歌っていたのは堺正章。1981（昭和56）年には北島三郎が歌唱で再登場。冬にはかかせない1曲です。

Am
B♭
Csus4
F6
F6
F6
Gm7
Gm7
Am7
1.きた かぜー ー こぞう の かんたろう ー
ことしもー ー まちまで やってきた
くちぶえー ー ふきふき ひとりたび
でんしんー ー ばしらも ないている

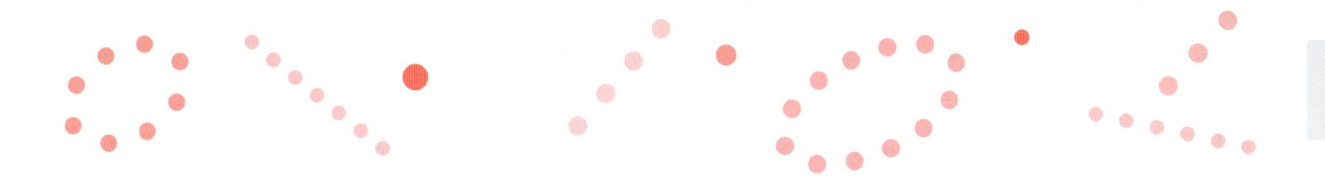

*1 アルペッジョ（arpeggio）和音の各音を同時にではなく、順番に演奏する　*2 フェルマータ（fermata）音符または休符を十分に延ばす。延長記号

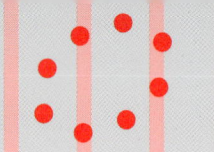

ゆきってながぐつすきだって

作詞：香山美子　作曲：湯山 昭

雪が長靴を好きだって、なぜわかる？　ピョントン…、キュックククク…という音から？
雪道の上に続く足跡から？　想像がふくらむ愉快な歌ですね。

mp G7 C6 f C6
シ シ ラ ソ ファ ラミ ラミ ラミ ソ ラ ソ ラ ソ
キュッ ク ク ク ク ク ク ク (ほら！)
アッ タ タ タ タ タ タ タ (ほら！)
ソ シ ド ド ド ミ ミ
Dm6 mf G7
ラ シ ラ シ ラ ソ ソ ラ ソ ファ ファ ソ ファ ミ ミ レ レ ソ
なーがいレールが ついてくる
ゆきんこみたいに なっちゃった
ファ ファ ソ ソ ソ ソ ♯ファ ♮ファ
C Cm G7
ド ド シ ラ ソ シファ シファ シファ シ シ ラ ソ ファ
キュッ ク ク ク ク ク ク ク キュッ ク ク ク ク
アッ タ タ タ タ タ タ タ アッ タ タ タ タ
ミ ♭ミ レ レ レ ソ シ
C6 f G7 C
ラミ ラミ ラミ ソ ファ ミ レ ラ ソ ドミ
ク ク ク ピョン トン ピョン トン ピョン トン ピョン
タ タ タ パッ ポン パッ ポン パッ ポン パッ
ド ド ド ソ ソ ソ ド

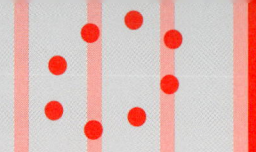

ゆげのあさ

作詞：まど・みちお　作曲：宇賀神光利

気温の低い日には、吐く息が白くなります。それが楽しくてしかたないという子どもの姿が目に浮かぶ歌。煙突から白い煙を吐く機関車のように元気いっぱい、園に向かいます。

C
bis
*1
mf
C
1. おはよう おはよう ゆげがでる はなから くちから ぽっぽっぽ ぽっぽっぽ きしゃぽっぽ みたいで ゆかいだ なな
2. こどもも おとなも ほらいぬも はなから くちから ぽっぽっぽ ぽっぽっぽ きしゃぽっぽ みたいで ゆかいだ なな
3. おはよう おはよう みんなおいで はなから くちから ぽっぽっぽ ぽっぽっぽ きしゃぽっぽ しゅっぽっぽで あそぼう よ
Dm
G
F
C

＊1 ビス（bis）┌bis──┐で囲まれた部分をくり返して２回演奏する

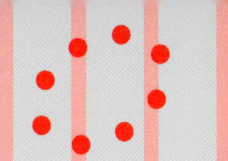

アブラハムの子

作詞：不詳　外国曲

アブラハムとはだれ？　なぜ7人？　なぜひとりがのっぽ…？ と疑問の声も多々あるようですが、幼稚園や保育園では歌って踊れる、いわば定番のダンスソングです。

1.
2.
C G C G
ソ シ
ソソ ラ ソ
て） て） ひだ り て （ひだ り て）
ソ ソ ソ ソソ ラ ソ ソ
3.
C G
ソソ ラ ソ ソソ ラ ソ
ソ シ
て） ひだ り て （ひだ り て） みぎ あ し （みぎ あ し）
ソ ソソ ラ ソ ソソ ラ ソ ソ
4.
C
ソソ ラ ソ ソソ ラ ソ ソソ ラ
て） ひ だ り て （ひだ り て） み ぎ あ し （みぎ あ し） ひだり あ
ソ ソソ ラ ソ ソソ ラ ソ
5.
C G C
ソ ソソ ラ ソ ソソ ラ
ソ シ
し（ひだり あ し） て） ひだ り て （ひだ り て） みぎ あ
ソソ ラ ソ ソ ソ ソソ ラ ソ
C
ソ ソソ ラ ソ ソ ラ ソ
し （みぎ あ し） ひだり あ し （ひだり あ し） あ た ま （あ た
ソソ ラ ソ ソソ ラ ソ ソ ラ

6.
ま） て） ひだ り て （ひだ り て） みぎ あ し （みぎ あ
し） ひだり あ し （ひだり あ し） あ た ま （あ た ま） お し
7.
り （お し り） て） ひだ り て （ひだ り て） みぎ あ
し （みぎ あ し） ひだり あ し （ひだり あ し） あ た ま （あ た
ま） お し り （お し り） まわ っ て （まわ っ て） お し まい

クラリネットをこわしちゃった

作詞：石井好子　フランス民謡

古いフランス楽曲が日本に伝わったもので作者は不詳。「たまねぎのうた」という軍隊行進曲が原典という説も。NHK『みんなのうた』で放送され、子どもの歌として広く定着しました。

C7
F
1.ぼくのだいすきなクラリネット
2.ドとレとミのおとがでない
F
パパからもらったクラリネット
ドとレとミのおとがでない
*1
F7 D7 Gm C7
1.2.とってもだいじにしてたのにこわれてでないお
3.パパもだいじにしてたのにみーつけられたら
F C7 F C7 F
とがある
おこられる
どうしよう（コラ！）どうしよう（コラ！）オ
*2

*1 セーニョ(segno) D.S. からこの記号に戻り演奏する　*2 アクセント(accent) 特に強く演奏する

＊3 D.S. でくり返されたあと、最後の 𝄌Coda に進む　＊4 ダル・セーニョ (dal segno) 𝄋まで戻り、fine またはフェルマータまで演奏する　＊5 D.S. でくり返されたあと、to 𝄌 からとぶ

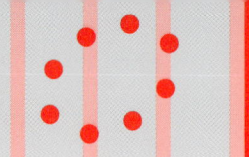

こねこのパンやさん

作詞：冬杜花代子　作曲：林アキラ

1987（昭和62）年、NHK『おかあさんといっしょ』で紹介された、かわいいこねこのパン屋さんの歌。ことば遊びのような歌詞が楽しい１曲です。パンは完成するのでしょうか？

C F F C7
1.2. こ ね こ の パ ン や さん は こ ね
C7 F Gm
こ ね じょう ー ず バ タ ー に メ リ ケ ン こ た ま
ばか ー り に ぼ し に か つ お ぶ し ち く
F C F F7 B♭ B♭m F D
ご に ミ ル ク ー おお き なボー ル で どっ さ りこ ねる
わ に チ キ ン ー なん で もかん で も ある だ けこ ねる

こねこね ここねこね こ
こ ねこ ねこ
ようきにごろごろ
やくことわすれて
どっさりこねる
あるだけこねる
こねこね ここねこね こ
こ ねこ ねこ ね
こねこ
こね
(おきゃくさま)
「ごめんください、
パンください」
(こねこ)
「すみません…」
いまこねてます
*1

*1 アクセント(accent) 特に強く演奏する

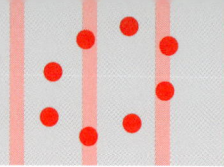

おもちゃのチャチャチャ

作詞：野坂昭如（補作詞：吉岡 治）　作曲：越部信義

フジテレビ系バラエティ番組で歌われた曲ですが、吉岡治が歌詞の一部を子ども向けに補作し、NHK『みんなのえほん』で発表されたことで大ヒット。「日本の歌百選」にも選定。

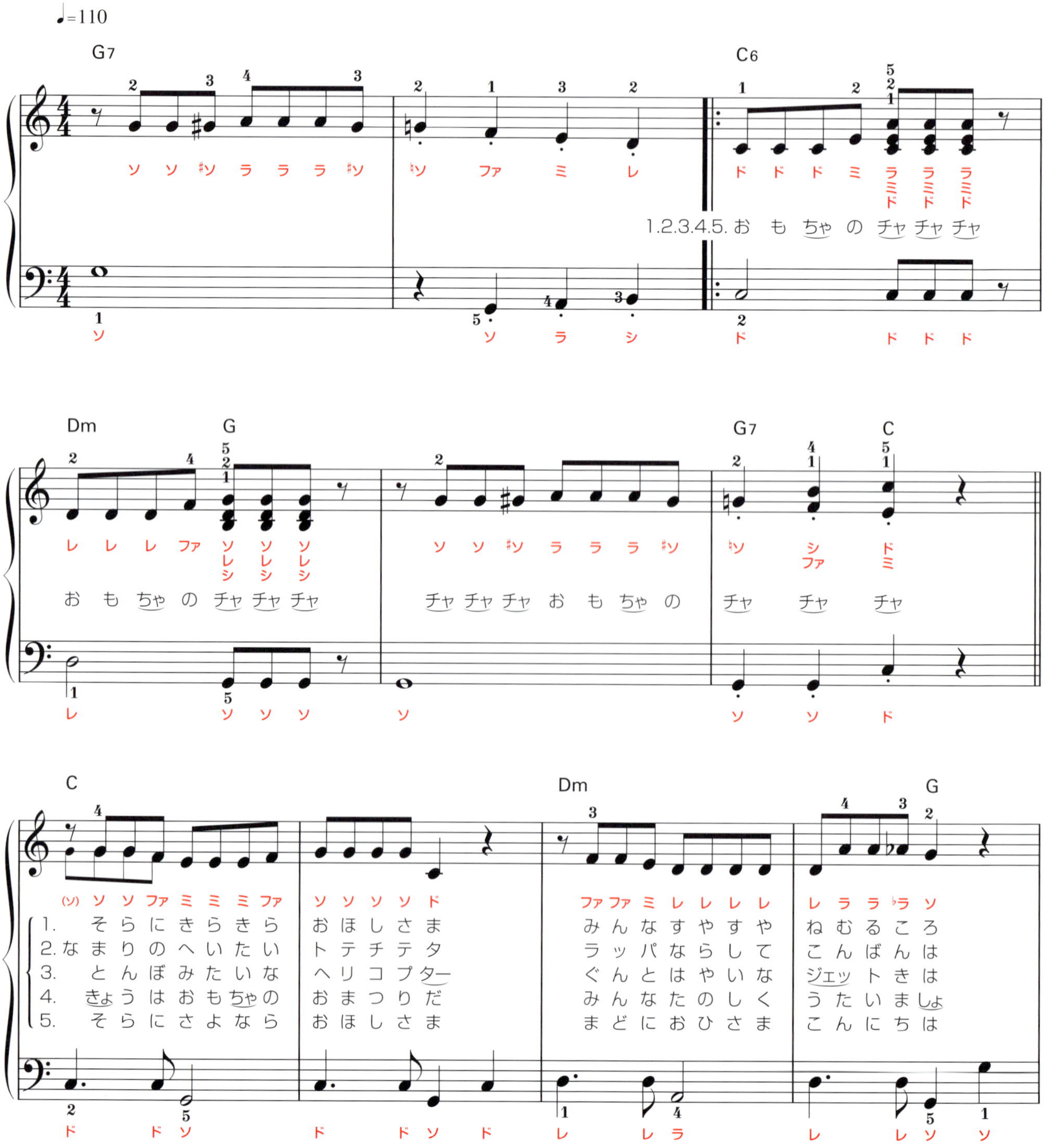
♩=110
1.2.3.4.5. おもちゃのチャチャチャ
おもちゃのチャチャチャ
チャチャチャ おもちゃの
チャ チャ チャ
1. そらにきらきら おほしさま みんなすやすや ねむるころ
2. なまりのへいたい トテチテタ ラッパならして こんばんは
3. とんぼみたいな ヘリコプター ぐんとはやいな ジェットきは
4. きょうはおもちゃの おまつりだ みんなたのしく うたいましょ
5. そらにさよなら おほしさま まどにおひさま こんにちは

F Em Am G
♮ラ ラ ラ シ ド ド ド シ シ シ シ ラ ソ ソ ♯ソ ラ ラ ラ ♮ソ
おもちゃははこを とびだして おどるおもちゃの
フランスにんぎょう すてきでしょ はなのドレスで
サイレンなれば はっしゃです うちゅうロケット
こひつじメェメェ こねこはニャー こぶたブースカ
おもちゃはかえる おもちゃばこ そしてねむるよ
ファ ファ ド ミ ミ ラ ラ ♭ラ ソ ソ レ
G C C6 Dm G
♮ソ シ ド ド ド ド ミ ラミド ラミド ラミド レ レ レ ファ ソレシ ソレシ ソレシ
チャ チャ チャ おもちゃのチャチャチャ おもちゃのチャチャチャ
ソ ソ ド ソファミレ ド ド ド ド レ ソ ソ ソ
G G7 C
ソ ソ ♯ソ ラ ラ ラ ♮ソ ♮ソ シファ ドミ
チャチャチャおもちゃの チャ チャ チャ
ソ ソ ソ ド ソファミレド

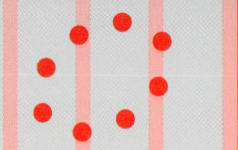

ドレミのうた

作詞：Oscar Hammerstein II　作曲：Richard Rodgers　日本語詞：ペギー葉山

ミュージカル『サウンド·オブ·ミュージック』中の１曲。歌手のペギー葉山が現地NYで舞台を観て感動のあまり、ホテルで徹夜の末、日本語詞を創作したという逸話も残ります。

DO-RE-MI
Lyrics by Oscar Hammerstein Ⅱ
Music by Richard Rodgers

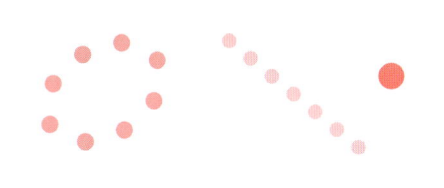

C Dm G7 C F
ド ミ ミ ミ ソ ソ レ ファファ ラ シ シ ソ ド ラ ファ
ドミミ ミソソ レファファ ラシシ ソ ド ラ ファ
(ド ミ ミ) (ミ ソ ソ) (レ ファ ファ) (ラ シ シ)
ミ ド ミ ド ファ レ ソ ファ レ ソ ミ ド ソ ミ ド ソ ミ ド ソ ミ ド ラ ファ ド ラ ファ ド ラ ファ ド ラ ファ ド
C D7 G7 C7 F Ddim7
ミ ド レ ソ ド ラ シ
ミ ド レ ソ ド ラ シ
(ド ミ ミ) (ミ ソ ソ) (レ ファ ファ) (ラ シ シ) (ド ミ ミ) (ミ ソ ソ) (レ ファ ファ) (ラ シ シ)
ソ ミ ド ソ ミ ド ♯ファ レ ド ♯ファ レ ド ソ ♮ファ シ ソ ファ シ ソ ファ シ ソ ファ シ ソ ミ ド ソ ミ ド ♭シ ミ ド ♭シ ミ ド ラ ファ ド ラ ファ ド ♭ラ ファ レ ♭ラ ファ レ
C G7 C C A7
ド レ ド ド レ ミ ド ミ ド ミ
ド レ ド ド はドー ナ ツ の ド
ソ ミ ソ ミ ソ ファ ソ ファ ソ ラ シ ド ソ ド ソ ド ソ ド ♯ド
Dm G C A7
レ ミ ファファファ ミ レ ファ ミ ファ ソ ミ ソ ミ ソ
レ はレモンの レ ミ はみ ん な の ミ
レ ラ レ ラ レ ソ レ ソ ド ソ ド ソ ド ソ ♯ド ラ

Dm G C7 F
ファ ソ ラ ラ ソ ファ ラ ソ ド レ ミ ファ ソ ラ
ファ はファイトの ファ ソ はあおいそ ら
レ ラ レ ラ レ ソ ラ シ ド ソ ド ♭シ ラ ソ ファ ド ファ ド
D7 G E7 Am
ラ レ ミ ♯ファ ソ ラ シ シ ミ ♯ファ ♯ソ ラ シ ド シ ♭シ
ラ はラッパの ラ シ はしあわせ よ さあ
レ ラ レ ド シ ラ ソ レ ソ レ ミ シ ミ レ ド シ ラ ミ ラ
F G C G C
ラ ファ シ ソ ド ド レ ミ ファ ソ ラ シ ド ソ ド
うたいま しょう ドレミファソラシ ドソド
ファ ソ ド ソ ラ シ ド ソ ド

ド
レ
ミ

たのしいね

作詞：山内佳鶴子（補作詞：寺島尚彦）　作曲：寺島尚彦

「あなた」と「わたし」は家庭で歌うなら親子、園で歌うなら先生と子ども、それとも友だちどうしでしょうか。寺島尚彦は作詞も自らが手がけた「さとうきび畑」でも知られています。

パチン

F Gm C7 F F7
ラ ララ ド ♭シ ♭シ ♭シ ソ ソソ ♭シ ラ ラ ラ ファ ソ ラ ソ ファ
あ なた の み ぎ て わ たし の ひだ り て あ わ せ て み
あ なた の こ え と わ たし の こ え と あ わ せ て み
ファ ソ ソ ソ ミ ファ ファ ファ ファ ♭ミ
B♭ F C7 F C
レ ド ド ♭シ ♭シ ♭シ ♭シ ラ ド ♭シ ラ ソ
よう（ほらね） ぐーっ と す て き な お と が す る
よう（ほらね） ぐーっ と す て き な う た に な る
♭シ ♭シ ♭シ
レ レ レ
ラ ソ ファ ミ
C7 F C F C7 F
♭シ ♭シ ラ ラ ラ ラ ソ レ ド ラ ファ ド ラ ソ ソ ファ
ぐーっ と あ か る い お と が す る お と が す る
ぐーっ と あ か る い う た に な る う た に な る
ソ ファ ミ ファ ♭シ ラ
ド ファ

あしたははれる

作詞・作曲：坂田 修

悲しいときやつらいときに勇気づけてくれる、歌にはそんな力があります。この曲にそれを感じる人も多いでしょう。数多くの歌を創作し続ける、もと「うたのおにいさん」の１曲。

*1 セーニョ（segno）D.S. からこの記号に戻り演奏する

*2 D.S. でくり返されたあと、最後の𝄌 Codaに進む　*3 ダル・セーニョ(dal segno) 𝄋 まで戻り、fineまたはフェルマータまで演奏する
*4 D.S. でくり返されたあと、to 𝄌 からとぶ　*5 フェルマータ(fermata) 音符または休符を十分に延ばす。延長記号

2月

まめまき

作詞・作曲：日本教育音楽協会

2月3日は節分。鬼に豆をぶつけて邪鬼を追い払い、１年の無病息災を願う風習です。豆は「魔滅」に通じるのだとか。歳の数だけ豆を食べると、カゼをひかないともいいます。

やぎさんゆうびん

作詞：まど・みちお　作曲：團伊玖磨

まど･みちおがこの詞を作ったのは戦前。團伊玖磨がメロディをつけて曲が完成したのは戦後1952（昭和27）年のことです。とぼけたやぎさんのやりとりがほほ笑ましいですね。

F B♭ F
ド ド ド ド レ ド ラ ド レ レ ド ド ラ ソ ファ
し かた が な い の で お て が み か い た
ラ ♭シ ラ ファ ラ ♭シ ラ ファ ラ
C F B♭ F C7 F
ソ ド ド ラ ラ ソ ファ レ レ ド ファ ラ ソ ファ
さっ き の て が み の ご よ う じ な あ に
ド ミ ファ ソ ラ ♭シ ラ ♭シ ド ラ ファ

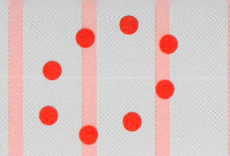

おにのパンツ

作詞：不詳　作曲：L.デンツァ

イタリアの楽曲「フニクリ･フニクラ」をベースにした、節分に似合いの楽しい歌。NHKの子ども向け番組を中心に広まった歌ですが、だれがこんな歌詞を創作したかは不明のまま…。

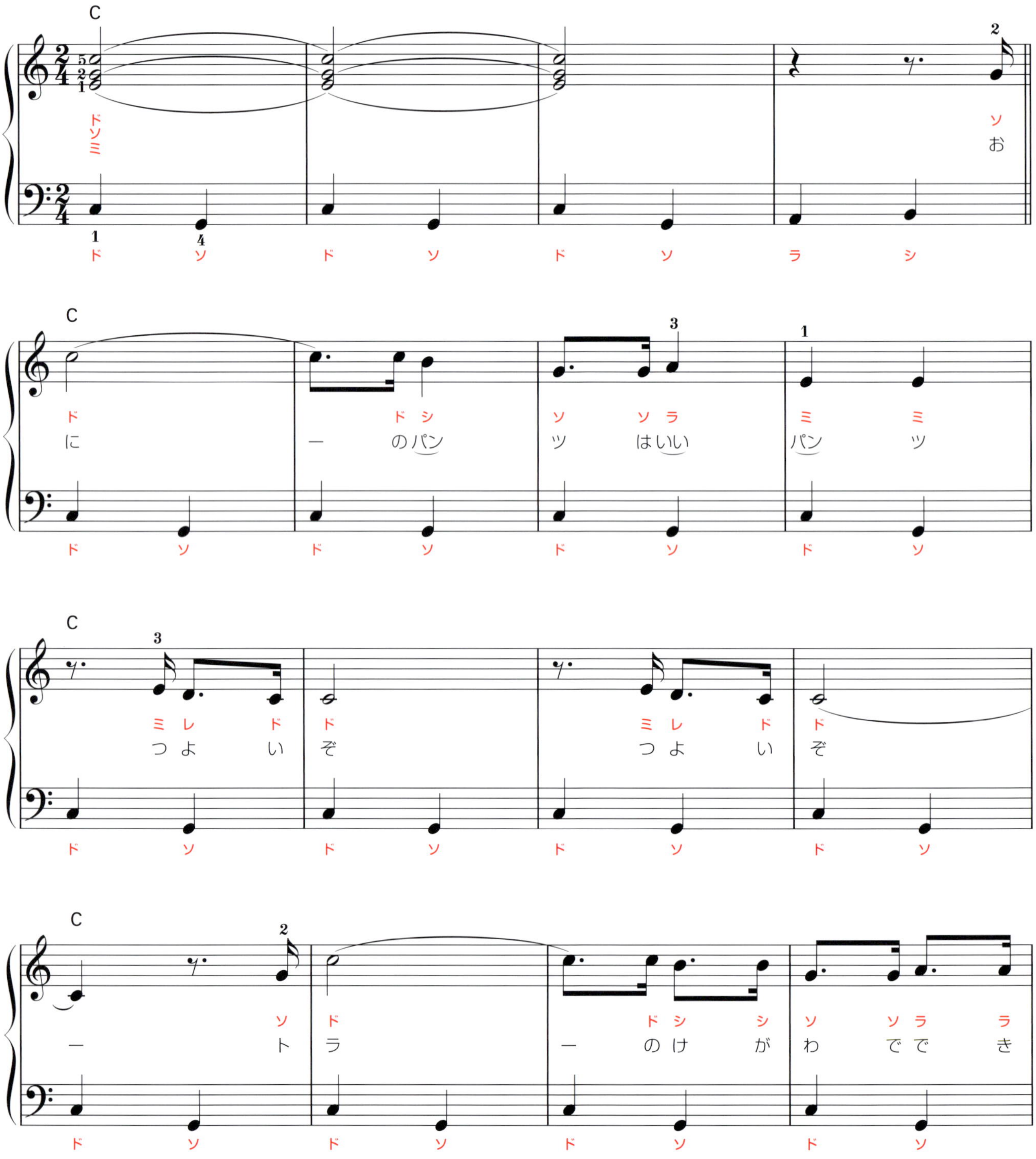

C
ミ ミ ミ ミ レ ド ド ミ レ ド
て いる つ よ い ぞ つ よ い
ド ソ ド ソ ド ソ ド ソ
C Em
ド ミ ミ ミ ♯ファ
ぞ ー ご ね ー んはい
ド ソ ド レ ミ シ ミ シ
Em
ミ ミ♯ファ ♯ファ ミ ミ ミ シ シ シ シ
て もや ぶ れ な い つ よ い ぞ
ミ シ ミ シ ミ シ ミ シ
Em G
シ シ シ シ ソ ソ
つ よ い ぞ ー じゅう ね
ミ シ ミ シ ミ ♯ファ ソ レ

G
ソ ラ ソ ソ ラ ラ ソ ソ ソ レ レ レ
ー んはい て もやぶ れ ない つよい
ソ レ ソ レ ソ レ ソ レ
G
レ レ レ レ レ
ぞ つよい ぞ ー
ソ レ ソ レ ソ レ ソ レ ミ ♯ファ
G
シ シ ラ シ シ ラ ラ ド シ ラ ド シ
はこう はこうお にのパン ツ
ソ ソ ソ ソ レ
G
C
シ シ ラ シ シ ラ ラ ド シ ラ ド ソ ミ ミ ミ
はこう はこうお にのパン ツ あなた
ソ ソ ソ ド ド

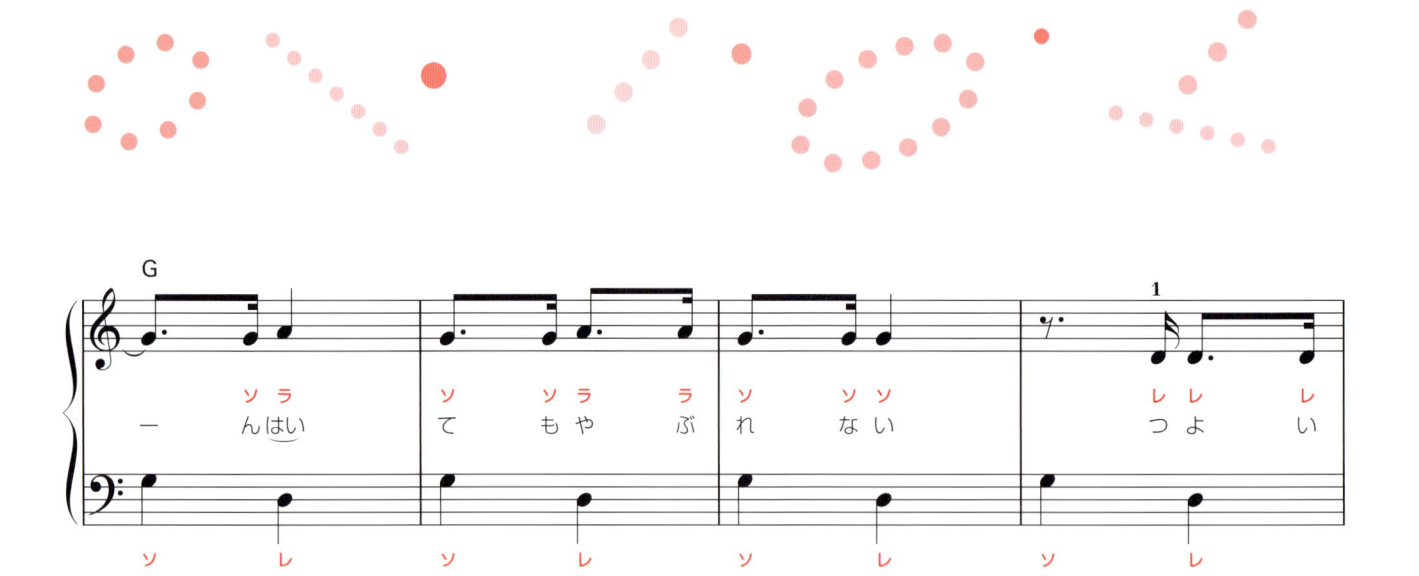

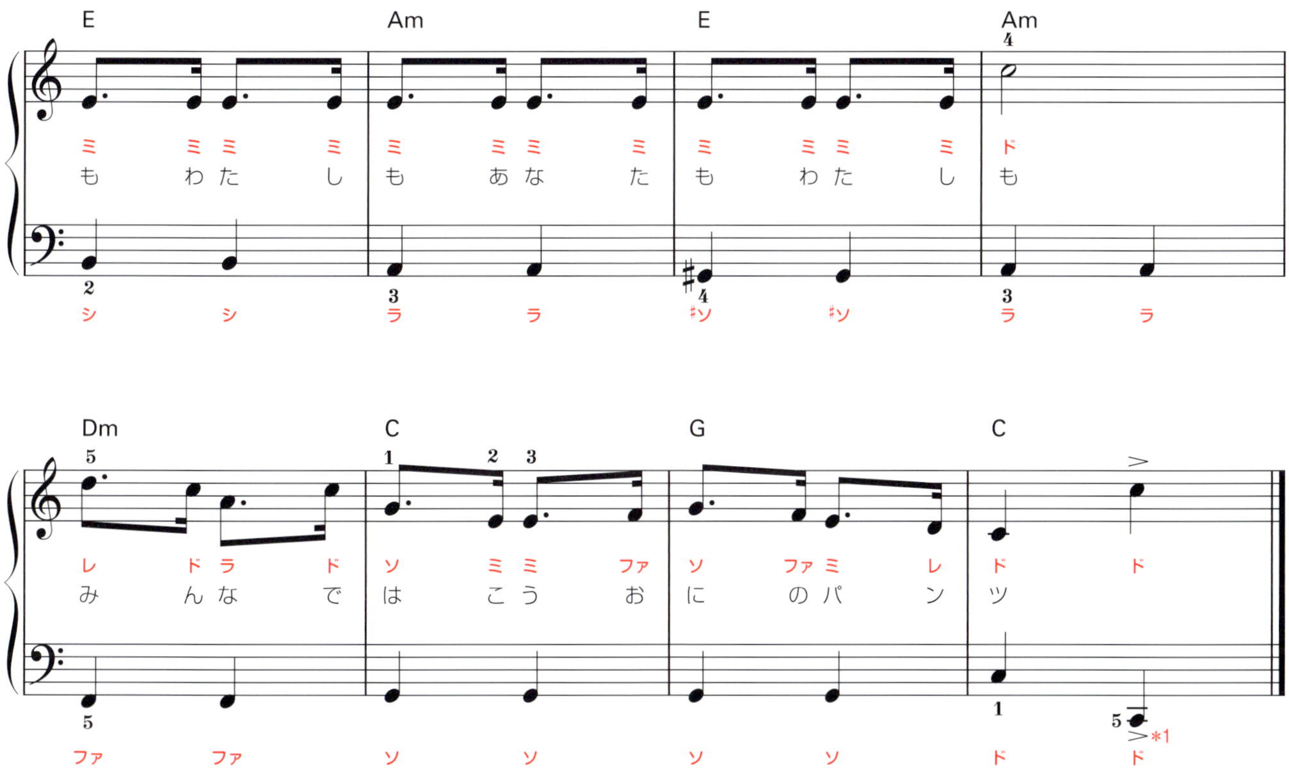

＊1 アクセント（accent）特に強く演奏する

ふしぎなポケット

作詞：まど・みちお　作曲：渡辺 茂

1954（昭和29）年に『保育ノート』に掲載されたのが最初。当時、ビスケットはとても高価なお菓子。それがたたくだけで増えるというのだから、夢のような楽しい歌です。

meno mosso*1
G G♯dim Am
ソ ソ シ レ レ レ レ ソ ソ ソ シ レ レ レ ド ド シ
そ ん な ふ し ぎ な ポ ケッ ト が ほ し い そ ん な
シ ソ シ ♯ソ ド ラ
Am D7 G D G
ラ ラ ラ ソ ♯ファ ♯ファ ミ ♯ファ ソ ソ ソ レ ド シ ラ ソ
ふ し ぎ な ポ ケッ ト が ほ し い
ド レ シ ソ シ ソ レ ソ

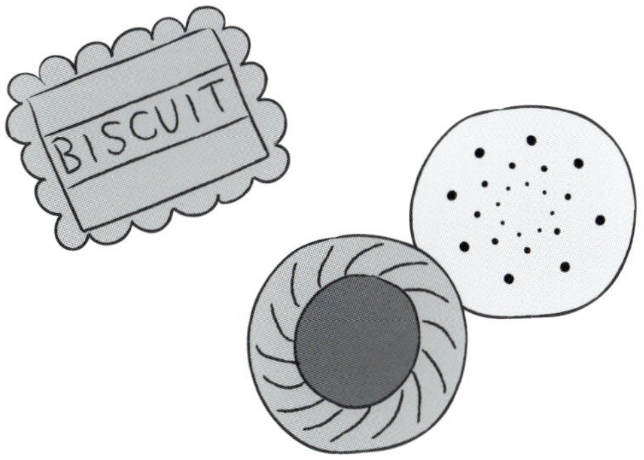
BISCUIT

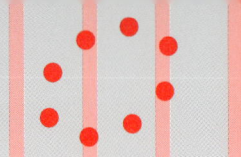

うれしいひなまつり

作詞：サトウハチロー　作曲：河村光陽

3月3日のひなまつりの定番ソングです。哀愁ただよう短調のメロディーが印象に残ります。
1936（昭和11）年に作られた楽曲で、その後すぐにレコード化されました。

Cm Fm
ド ♭ミ ソ ド (ド) ド レ ド ♭ラ ソ ♭ミ ♭ミ ソ ソ ド ♭ラ
なごにんばやーしのふえたいこ
おおよめにいらーしたねえさまに
ぜすこししろーざけめされたか
たはるのやーよいのこのよきひ
ド ド ソ ソ ド ソ ソ ド ファ ファ
G Cm G Cm Fm G Cm
ソ ド レ ♭ミ (♭ミ) レ ド レ ♭ミ ソ ド ♭ラ ソ ♭ミ レ ド
こきょうはたのしいひなまつり
によくにたかんじょのしろいかお
かあかいおかおのうだいじん
ひなによりうれしいひなまつり
ソ ド ソ ソ ド ファ ソ ソ ド
Cm Fm G Cm
ド レ ド レ ♭ミ ソ ♭ラ ド ♭ラ ソ ♭ミ レ ド
ド ソ ド ファ ファ ソ ソ ド

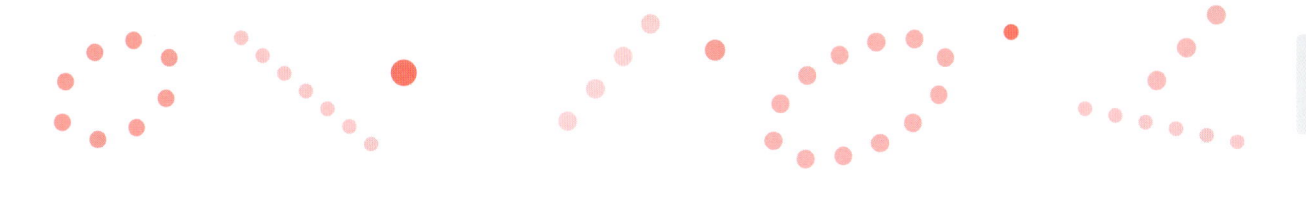

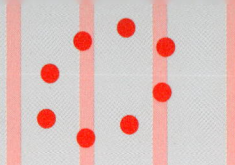

かわいいかくれんぼ

作詞：サトウハチロー　作曲：中田喜直

1951（昭和26）年、NHKラジオで紹介された童謡です。かわいい動物たちのユーモラスなかくれんぼを歌にしたもので、今なお子どもたちに愛唱されています。

♩=112
F B♭ C7 F
mp pp mp
F C F B♭
1. ひ よこ が ね おにわで ぴょこぴょこ
2. す ずめ が ね おやねで ちょんちょん
3. こ いぬ が ね のはらで よちよち
かくれん
C Dm Dm7 Gm
p
ぼ どんなに じょうずに かくれても

mf F C7 F B♭6 p
ド ドファ ソ ラ ド ド ソ ソ ソ ソ ファ ソ ソ
きいろい あんよが
ちゃいろい のぼうしが
かわいい しっぽが
みえてる よ だんだん
ド ♭シ ド ラ ファ レ ♭シ
B♭6 1.2. C 3. B♭6
ソ ファ ファ ソ ソ ソ ソ
だれが めっかった た
♭シ ド

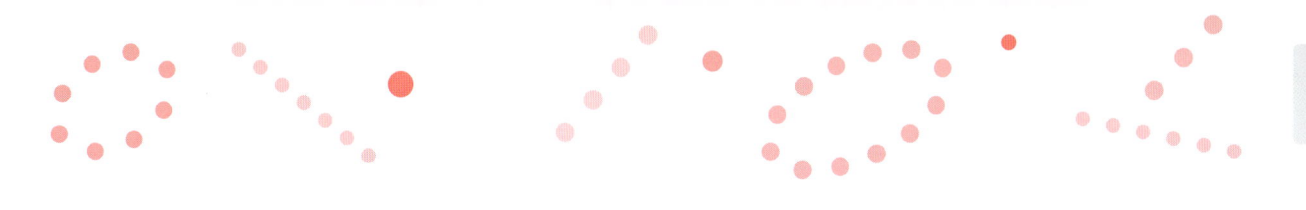

ことりのうた

作詞：与田準一　作曲：芥川也寸志

♪ピピピピピ　チチチチチ　ピチクリピイ～の響きが美しいですね！　作曲の芥川也寸志は文豪・芥川龍之介の三男としても知られる人物。作詞の与田準一は童話作家としても有名。

ちょうちょう

作詞：野村秋足・稲垣千穎　スペイン民謡

もとはスペインの舟歌が原曲。1876（明治９）年、日本初の幼稚園「東京女子師範学校（現・お茶の水女子大学）付属幼稚園」が開園。初日にそろって合唱した歌といわれています。

はなのおくにのきしゃぽっぽ

作詞：小林純一　作曲：中田喜直

てんとうむしがお客さんなら、汽車はとても小さい？　線路はお花畑の中？　想像がふくらむ春らしい１曲です。遊園地のアトラクションの汽車を想像する人もいるかもしれませんね。

C
ソ ソ ソ ソ ソ ソ ソ ソ
ミ ミ ミ ミ ミ ミ ミ ミ
ド シ ラ ソ ド シ ラ ソ
C
ド レ ミ ソ ラ ラ ソ ソ　ミ ミ ド ド ソ
1. あ ね も ね え き か ら　き しゃ ぽ っ ぽ
2. お きゃ く は て ん て ん　て ん と む し
3. ど こ ま で い っ て も　き しゃ ぽ っ ぽ
ド シ ラ ソ ド シ ラ ソ
G
ソ ソ ソ ソ ソ ソ ソ ソ　ソ レ ソ ソ ソ　ラ ソ ラ ソ
さ く ら そ う の ま ち　は し っ て く
ちゅう りっ ぷ の お ー か ー　な が め て る　ポッ ポッ ポッ ポッ
は な の ー お く に の　は な の な か
ソ ラ シ ド レ ド シ ラ ソ ソ ソ ソ
G
レ ソ ソ
ピー ポッポッ
1. C
ド ソ ソ ソ ソ ソ ソ
ミ ミ ミ ミ ミ ミ
ポッ
2. C
ド
ポッ
ソ ソ ソ ド シ ラ ソ ド シ ラ ソ ド ド
＊1

＊1 アクセント(accent) 特に強く演奏する

はるがきた

作詞：高野辰之　作曲：岡野貞一

徐々に暖かくなり、辺りが春めいてきた頃に歌いたい楽曲。当時、作者不詳とされた歌ですが、戦後になって高野辰之と岡野貞一が作詞・作曲者として認定されました。

♩=120
C　C7　F　D7　C　G7　C
ソ ラ ソ ミ ソ　ド レ ド ラ ド　ソ ミ レ ソ　ド
ド ♭シ　ラ ♯ファ　ソ ファ ソ　ミ ド ソ ミ ド
C　G
ソ ミ ファ ソ ラ　ソ ミ ファ ソ ド　ラ ソ ミ ド　レ
1. はるがきた　はるがきた　どこにきた
2. はながさく　はながさく　どこにさく
3. とりがなく　とりがなく　どこでなく
ド ソ ソ　ド ソ ソ　ファ ミ ド ミ　ソ ソ ラ シ
C　C7　F　D7　C　G7　C
ソ ラ ソ ミ ソ　ド レ ド ラ ド　ソ ミ レ ソ　ド
やまにきた　さとにきた　のにもきた
やまにさく　さとにさく　のにもさく
やまでなく　さとでなく　のでもなく
ド ♭シ　ラ ♯ファ　ソ ファ ソ　ミ ド ソ ミ ド

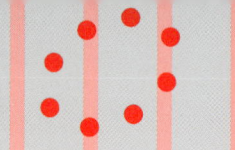

めだかの学校

作詞：茶木 滋　作曲：中田喜直

終戦の翌年、作詞の茶木滋が小田原郊外まで買いだしに出かけた際、息子と交わした会話をもとに作ったとされます。1951（昭和26）年、NHKラジオ『幼児の時間』で発表され評判に。

♩=116
G　C F C　C　G7
mp
レ レドレソミレ　ドドド　ドレミミ　レレドレ
1. めだかの　がっこうは
2. めだかの　がっこうの
3. めだかの　がっこうは
C F　C　F　C　F
mp　pp
ミソララ　ソ　ラ(ラ)ララドラソ　ラ(ラ)ソミミ(ソ)ミ　ラ(ラ)ララドラソ
かわのなか　そっと のぞいて みてごらん　そっと のぞいて
めだかたち　だれが せいとか せんせいか　だれが せいとか
うれしそう　みずに ながれて つーいつい　みずに ながれて
C　G　C F C　G　C F C
mf
ラ(ラ)ソミミ(ソ)ミ　レレドレソミレ　ドドドドド　レレドレソミレ　ドドド
みてごらん　みんなでおゆうぎ　しているよ
せんせいか　みんなでげんきに　あそんでる
つーいつい　みんながそろって　つーーーいつい

ロンドン橋が落ちる

作詞：高田三九三　イギリス民謡

「マザー・グース」はイギリス文化圏の作者不詳のわらべうたの総称。これはその１曲。ロンドン橋はテムズ川にかかる橋で、石橋が完成するまでは何度も流されたそうです。

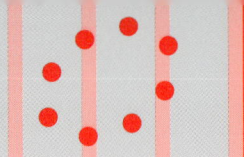

おはようクレヨン

作詞・作曲：谷山浩子

色とりどりの朝の食卓が目に浮かぶ歌。園児となじみ深いクレヨンの色にたとえているのがいいですね。1987(昭和62)年の6月、7月にNHK『みんなのうた』で放送されました。

Dm G7 C Am Dm G C
ミ ファ ソ ファ ラ ソ ファ ミ ソ ファ ミ レ ドシラシド
レ シ ド ラ ファ ソ ド
C G C G C Dm
ソ ソファミ ファ ソ ソ ソ ミ ド ソ ソ ド ミ ソ ミ レ ファ
1. あかいクレヨン いちばんさきには このなかでめ
2. みどりのクレヨン にばんめおきてあ かいトマトすぐ
3. あおいクレヨン おさらになってピン クのクレヨンテー
4. ちゃいろくやけた トーストのうえき いろいバターオレ
ド ソ レ ソ ミ ソ レ ソ ド ソ ファ レ
C G C C
ミ ド レ シ ド ミ ファ ソ ミ ファ ソ ミ ファ ソ ド シ
をさました オハ ヨウ オハヨウ オハヨウ ぼく
にみつけた オハ ヨウ オハヨウ オハヨウ ぼく
ブルジクロス オハ ヨウ オハヨウ オハヨウ つぎ
ンジマーマレード オハ ヨウ オハヨウ オハヨウ つぎ
ソ ソ ド ド レ ミ ミ

1.2.3.
F G C F C G7 C
ラ ソ ファ ミ レ ミファ ソ ミファソ ミファソ ド ラ ソ ミ ファ レ ド ド
は だ れ か な？ あか い あかい あかい そう だ トマ ト か も しれ ない！
は だ れ か な？ みど り みどり みどり そう だ レ タ ス の はっ ぱ！
は だ れ か な？ しろ い しろい しろい そう だ ミ ル ク の コッ プ！
は だ れ か な？ ぼく の ぼくの ぼくの あ さ
ファ ミ レ ド シ ソ ド レ ミ ファ ソ ソ ド シ ド
4.
C G7 C F C G7 C F C G7 C
ソ ミ ファ レ ド ド ド ラ ソ ミ ファ レ ド ド ド ラ ソ ミ ファ レ ド ド
ご は ん に おい で！そう だ ご は ん に おい で！そう だ ご は ん に おい で！
ソ ソ ド ファ ソ ソ ド ファ ソ ソ ド ド

Red

ハッピーチルドレン

作詞：新沢としひこ　作曲：中川ひろたか

詞にこめられたメッセージが伝わる歌。新沢としひこと中川ひろたかは、さまざまな会場でジョイントライブを開催しています。この歌も必ずといっていいほど歌われる１曲です。

＊1 セーニョ(segno) D.S. からこの記号に戻り演奏する

G7 C Dm G
ピー チ ル ドレン ハッ ピー チ ル ドレン
おこりんぼ は
いばりんぼ は
ぼくらをみ て
G7 C C Dm G7 C
どこ
どこ
ごらん
ハッ ピー ハッ ピー ハッ ピー チ ル ドレン ハッ ピー チ
Dm to⊕ *2 G 1. C G7
ル ドレン
さみしがり は
へそまがり は
だ れ
2. G7 C D.S. *3
だ れ ハッ
⊕Coda *4 G C G7 C
けんか は おしまい

*2 D.S.でくり返されたあと、最後の⊕Codaに進む
*3 ダル・セーニョ(dal segno) 𝄋まで戻り、fineまたはフェルマータまで演奏する
*4 D.S. でくり返されたあと、to⊕からとぶ

おもいでのアルバム

作詞：増子とし　作曲：本多鉄麿

1981(昭和56)年、NHK『みんなのうた』で芹洋子が歌い好評を博した曲です。一人ひとりの胸にしまわれた思い出のアルバム。卒園を前に順にひも解いてみましょう。

♩.=50
mf
F6 Fdim C Cm Dm G C
レ ド シ レ ド ラ ソ レ ミ ファ ミ レ ド
ファ ラ ド ファ ♭ラ シ ミ ソ ド ♭ミ ソ ド レ ファ ラ シ レ ソ ド ミ ソ ド
C F C G7 C6
ミ レ ド ミ ソ ミ ソ ドドドドシラ ソ ラ ソ ファファミ レ ラ ラ ソ ミ
1. いつのことだか
2. はるのことです
3. なつのことです
4. あきのことです
5. ふゆのことです
6. ふゆのことです
7. いちねんじゅうを
おもいだしてごらん あんなこと こんなこと
ドミソドミソ ドミソドミソ ドファラドファラ ドミソドミソ シレソシレソ ドミソドミソ
G C mp G7 C mf G7 C
ソ ソ ミ レ ド レ レ レ レ ファ ミ (ミ) ソ ファファファファ ラ ソ (ソ) ド
あったでしょう ー
うれしかったこと おもしろかったこと
ぽかぽかおにわで なかよくあそんだ
むぎわらぼうしで みんなはだかんぼ
どんぐりやまの ハイキングラララ
もみのきかざって メリークリスマス
さむいゆきのひ あったかいへやで
もものおはなも きれいにさいて
シレソシレソ ドミソド シソ シソ ドソ ミドソ レシソ レシソ ミドソ ミドソ

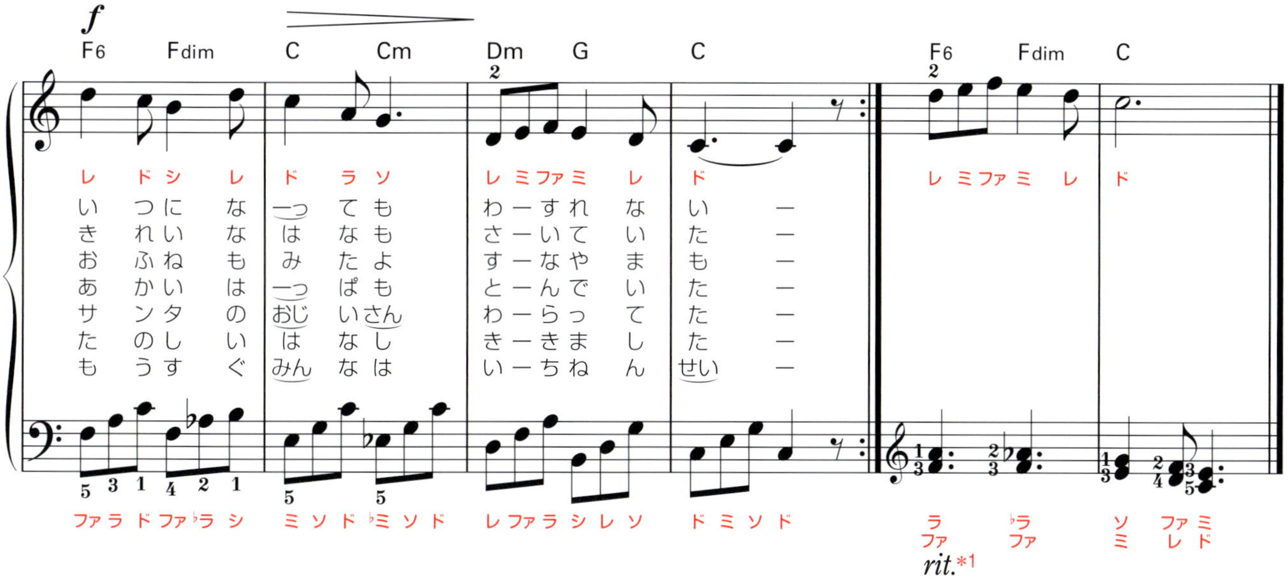
f
F6 Fdim C Cm Dm G C F6 Fdim C
レ ドシ レ ド ラ ソ レ ミ ファ ミ レ ド レ ミ ファ ミ レ ド
いつにな ーっても わーすれない いー
きれいな はなも さーいてい たー
おふねも みたよ すーなやま もー
あかいは ーっぱも とーんでい たー
サンタの おじいさん わーらって たー
たのしい はなし きーきまし たー
もうすぐ みんなは いーちねん せいー
ファ ラ ド ファ ♭ラ シ ミ ソ ド ♭ミ ソ ド レ ファ ラ シ レ ソ ド ミ ソ ド
ラ ファ ♭ラ ファ ソ ミ ファ ミ レ ド
rit.*1

あるばむ

*1 リタルダンド(ritardando) だんだん遅く

さよならぼくたちのほいくえん

作詞：新沢としひこ　作曲：島筒英夫

親子が初めて経験する卒業式が「卒園式」。この歌を歌う子どもたちを見て涙するお父さん、お母さんもきっと多いことでしょう。

Bm Em C A7 Dsus4 D
レ レ ミ♯ファソ ソ ミ ミ ミ ソ ソ ミ シ ラ シ ド レ
ん ど ないて な ん ど か ぜ を ひ い て たくさ
し い ことも き っ と わ す ー れ な い
シ ミ レ ド ♯ド レ ソ ♯ファ レ
G C G Em Bm
シ ラ ド シ ラ シ レ シ ド レ ソ ソ ♯ファ ソ ♯ファ シ レ レ
ん のともだち と ここで あ そんできた ね どみ
ソ ド ソ ♯ファ ミ シ レ ♯ファ
C D Bm Em C A7
ド ド ド ミ ソ ♯ファ ミ レ レ レ ラ ♯ファ ソ ソ ミ ミ ミ ソ ソ ミ ソ
こ で はしって ど こ で ころんで ど こ で け ん か を し
ず ー あそびも ゆ き ー だるまも ず っ と わ す ー れ な
ド レ ド シ ミ レ ド ♯ド
Dsus4 D ＊1 G C G C G
レ シ シ シ ソ ド シ ラ シ レ ミ ソ ド ド シ シ ソ
て い さ よ な ら ぼ くたち の ほ い く え ん ぼく
レ ソ ♯ファ レ ミ ♯ファ ソ ド ソ ド ソ

＊1 セーニョ(segno) D.S. からこの記号に戻り演奏する

*2 D.S.でくり返されたあと、最後の𝄌 Codaに進む　*3 ダル・セーニョ（dal segno）𝄋まで戻り、fineまたはフェルマータまで演奏する
*4 D.S.でくり返されたあと、to 𝄌からとぶ

ありがとう・さようなら

作詞：井出隆夫　作曲：福田和禾子

「友だち」や「教室」や「先生」へ、順に別れを告げるうた。卒園、卒業ソングとして定番の曲です。1985（昭和60）年、NHK『みんなのうた』での放送が最初です。

mf
F C G7 C
5 3 1 5
ラ ラ ラ ファ ソ ラ ソ ミ ソ ファ ファ ファ ファ ミ レ ミ ミ ド ソ
な つ の ひ ざ し に ー も ふ ゆ の そ ら の し た で も
お も い で ー の き ず が の こ る あ ー の つ く え に
あ た ら し ー い か ぜ に ゆ め の つ ば さ ひ ろ げ て
2
ファ ミ レ ド ド レ ミ
f
F C D G7
3 2 1 4
ラ ラ ラ ド シ ラ ソ ミ ソ ソ ♯ファ ♯ファ ♯ファ ミ レ ソ
み ん な ま ー ぶ し ー く か が や い ー て た
だ れ が こ ー ん ど ー は す わ る ん ー だ ろう
ひ と り ひ ー と り ー が と び た つ ー と き
ファ ミ レ レ ミ ♯ファ ソ ♮ファ
G7 C F G
1 p 5
ソ ミ レ ド シ レ ド ラ シ ド レ
ー ー ー あ り が とう さ よう な ら と も だ きょ う し せ ん せ
5 3 1
ミ レ ド ミ ソ ド ミ ソ ファ ラ ド ファ ラ ド ソ
1.2. 3.
C Csus4 C C
1 1 mp
ド ソ ド ソ ミ レ ド シ
ち ー 2. あ い あ り が とう さ
つ ー 3. あ
5 3 1
ド ミ ソ ド ファ ソ ド ミ ソ ド ド ミ ソ ド ミ ソ ド ミ ソ ド ミ ソ

＊1 フェルマータ（fermata）音符または休符を十分に延ばす。延長記号

はじめの一歩

作詞：新沢としひこ　作曲：中川ひろたか

新沢としひこ＆中川ひろたかコンビによって生み出された歌の一つです。3月、そして4月へ。なにかが終わって、なにかが新しく始まる季節の不安や期待、決意が伝わってきます。

C G Am7 F G C
ミ ミ ソ ファ ミ レ ド ラ ラ シ ド シ ラ ソ
き の う と ち が う あ さ ひ が の ぼ る
ぼ く ら の ゆ め を な く し ちゃ い け ない
ド シ ラ ソ ファ ソ ド ミ
F G Am7 Dm G C
ラ ラ シ ド レ シ ド シ ラ ラ ラ ラ ラ シ ド レ ド ミ ファ ソ
か わ の ー な ー が れ も か が や い て ー い る
き っ と ー い ー つ か は か な ー う は ず だ よ
は じ め
ファ ソ ラ ソ ファ ソ ド ソ ド
F G C F G C
ド シ ラ ソ ミ ファ ソ ド シ ラ ソ ミ ファ ソ
の い っ ぽ あ し た に い っ ぽ きょう か
ファ ド ラ ド ソ レ シ レ ミ ド ソ ド ミ ド ソ ド ファ ド ラ ド ソ レ シ レ ミ ド ソ ド ミ ド ソ ド
F G Am Am7 D G7 C
ド シ ド レ シ ド シ ラ ラ ラ シ ラ シ ド ミ ファ ソ
ら な ー に も か も が あ た ら ー し い は じ め
ファ ド ラ ド ソ レ シ レ ラ ミ ド ミ ソ ミ ド ミ ♯ファ レ ラ レ ♮ファ レ ソ レ ミ ド ソ ド ド レ ミ

F G C F G
ド シ ラ ソ ミ ファ ソ ド シ ラ
の い っ ぽ あ し た に い っ
ファ ド ラ ド ソ レ シ レ ミ ド ソ ド ミ ド ソ ド ファ ド ラ ド ソ レ シ レ
C F G Am Am7
ソ ミ ファ ソ ド シ ド レ シ ド シ ラ
ぽ ゆ う き を も っ て お お き く
う ま れ か わ っ て お お き く
ミ ド ソ ド ミ ド ソ ド ファ ド ラ ド ソ レ シ レ ラ ミ ド ミ ソ ミ ド ミ
F G Csus4 C F G C
ラ ソ ラ ド シ ド レ ド ラ ソ ラ ド シ ド レ ドミ
い っ ぽ あ る き だ せ
い っ ぽ あ る き だ せ
ファ ファ ラ ソ ド ソ ファ ソ ミド ファ ソ ド ソ ド

みんなともだち

作詞・作曲：中川ひろたか

フジテレビ系『ひらけ！ポンキッキ』で放送された、卒園(卒業)式の定番となっている曲。離ればなれになっても、育んだ友情をずっと大切にしていきたいですね。

♩=150
G　Gdim7　Am/G　G　Gdim7　Am/G
みんな
F　B7　Em　A7
ともだちー　ずっとずっと　ともだちー　がっこう
ともだちー　ずっとずっと　ともだちー　おとなに
Dm　G　1. C　C7
いっても一　ずっとともだ　ち Yeah＿　みんな
なっても一　ずっとともだ
2. C　G　C
ち
1. みんないっしょにー
2. みんないっしょにー

＊1 テヌート(tenuto) 音符の長さを十分に保って演奏する

C A Dm
ミ ミミ ミミ ファ ソ ファ ファ ファファ ソ ラ
うたをうたった みんないっしょにー
プールであそんだ みんないっしょにー
ド ソ ド ド ♯ド レ ラ レ ラ
G C
ソ (ソ) ソ (ソ) ソ (ソ) ラ ソ ミ ミ ミミ ファ ソ
えをかいた みんないっしょにー
ロボットをつくった みんないっしょにー
レ ソ レ ソ ラ シ ド ソ ド ソ
C A Dm
ミ ミミ ミミ ファ ソ ファ ファ ファファ ソ ラ
おさんぽをした みんないっしょにー
かけっこをした みんないっしょにー
ド ソ ド ド ♯ド レ ラ レ ラ
G F B7
ソ ソ ソソ ラ ソ ミ ファ ソ ラ ラ ♯ソ ラ ド ドシ ラ
おおきくなったみんな ともだちー ずっとずっと
おおきくなったみんな
レ ソ レ ド レ ミ ファ ラ ド ♯レ ♯ファ シ

Em A7 Dm G
ソ ソ ♯ファ ソ ソ ラ ソ レ ♯ド レ レ ド シ ド レ
と も だ ちー がっ こ う いっ て もー ずっ と と も だ
ミ ソ シ ♯ド ミ ラ レ ファ ラ ソ
C C7 F B7
ミ ソ ミ ファ ソ ラ ラ ♯ソ ラ ド ド シ ラ
ち Yeah＿ み ん な と も だ ちー ずっ と ずっ と
ド ミ ソ ド ♭シ ラ ソ ファ ラ ド ♯レ ♯ファ シ
Em A7 Dm G
ソ ソ ♯ファ ソ ソ ラ ソ レ ♯ド レ レ ド シ ド レ
と も だ ちー おと な に なっ て もー ずっ と と も だ
ミ ソ シ ♯ド ミ ラ レ ファ ラ ソ
C 1. G Gdim7 Am/G
ド ソレシ ソ♭レ♭シ ソドラ
ち
ド ミ ソ ド ド シ ラ ソ ソ ソ ソ ソ ソ
G Gdim7 Am/G G 2. C
ソレシ ソ♭レ♭シ ソドラ シ ド レ ドミ
ソ ソ ソ ソ ラ シ ド

きみとぼくのラララ

作詞：新沢としひこ　作曲：中川ひろたか

「君とぼくの」心を卒園後もつないでくれる歌。新沢としひこは、保育士をしていた経験を活かしてか、歌で手話を覚えるCD企画なども手がけています。

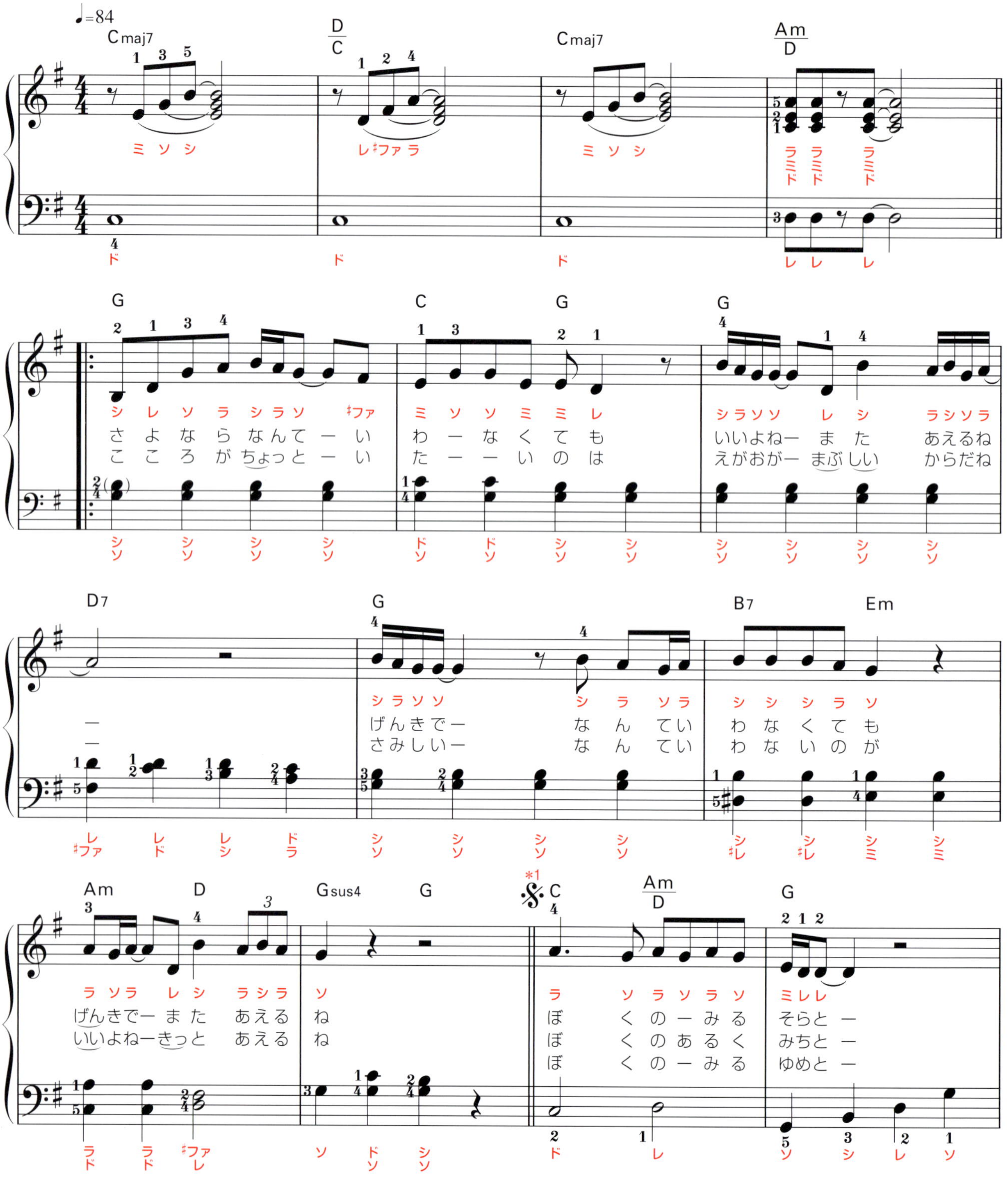

♩=84
Cmaj7　D/C　Cmaj7　Am/D
G　C　G　G
さよならなんてーい　わーなくても　いいよねー　また　あえるね
こころがちょっとーい　たーーいのは　えがおがー　まぶしい　からだね
D7　G　B7　Em
ー　げんきでー　なんてい　わなくても
ー　さみしいー　なんてい　わないのが
Am　D　Gsus4　G　*1　C　Am/D　G
げんきでー　また　あえる　ね　ぼくのーみる　そらとー
いいよねーきっと　あえる　ね　ぼくのあるく　みちとー
ぼくのーみる　ゆめとー

＊1 セーニョ(segno) D.S. からこの記号に戻り演奏する

C Am/D G C Am/D G
きみのーみる そらはー つながってい るからーおんな
きみのあるく みちはー つながってい るからーおんな
きみのーみる ゆめはー つながってい るからーおんな
C A7 Am/D G B7 C G
じそらだか らラララ さよならのか わりに
じみちだか らラララ かなしみのか わりに
じゆめだか らラララ さよならのか わりに
C A7 Am/D G B7 C G
なみだのーかわり に
てをふるーかわり に
なみだのーかわり に
ラララ きみとぼくの あいだに
C Am/D to Coda *2
1. Gsus4
2. G
ラララーひとつのーうた た た
D.S.*3
Coda*4
Gsus4 G
た

*2 D.S.でくり返されたあと、最後のCodaに進む　*3 ダル・セーニョ(dal segno) 𝄋まで戻り、fineまたはフェルマータまで演奏する
*4 D.S.でくり返されたあと、toからとぶ

ビリーブ

作詞・作曲：杉本竜一

1998（平成10）年、NHK『生きもの地球紀行』の３代目エンディングテーマとして発表された歌。その後、全国各地の学校で新たな卒業ソングとして合唱されるようになりました。

F C Dm B♭ F Gm C F
ラ ♭シ ド ラ ソ ソ ソ ファ ソ ラ ファ レ レ ド ド ラ ♭シ ラ ソ ファ ミ ファ ソ ミ ファ
かならずぼくが そばにいて さ さ えてあげるよ そのかたを
だまってうでを とりながら いっ しょにあるいて くれるよね
ファ ミ レ ♭シ ラ ソ ド ファ ミ
Dm Gm C7 F
レ ファ ラ ド ♭シ ♭シ ソ ラ ♭シ ♭シ ラ ラ
せ か い じゅ う の き ぼ う の せ て
せ か い じゅ う の や さ し さ ー で
レ ソ ファ ミ レ ド ファ ファ ミ
D Gm G7 C7
♯ファ ソ ラ ラ ソ ソ レ レ ミ ファ ソ ド
こ の ち きゅ う は ま わ っ て る い
こ の ち きゅ う を つ つ み た い い
レ ソ ソ ラ ♭シ ♮シ ド ♭シ ラ ソ
F C Dm B♭
ラ ラ ラ ラ ソ ソ ラ ソ ファ ファ ミ ファ ミ レ
ま ー み ら いの ー と び ら を ー あ け る と き
ま ー す な おな ー き も ち に ー な れ る な ら
ファ ド ラ ド ファ ド ラ ド ミ ド ソ ド ミ ド ソ ド レ ラ ファ ラ レ ラ ド ラ ♭シ ファ レ ファ ♭シ ファ レ ファ

F B♭ G7 Csus4 C
ド ファ ド ド ♭シ ♭シ レ ソ ファ ファ ミ ミ ド
か な し み ー や く る し み ー が い
あ こ が れ ー や い と し さ ー が お
ラ ファ ド ファ ラ ファ ド ファ ♭シ ファ レ ファ ♭シ ファ レ ファ ♭シ ソ レ ソ ♭シ ソ レ ソ ド ソ ファ ソ ド ソ ミ ソ
F C Dm B♭
ラ ラ ラ ソ ソ ラ ソ ファ ファ ファ ミ ファ ミ レ レ
つ の ひ か ー よ ろ こ び に か わ る だ ろ う ー
お ぞ ら に ー は じ け て ー ひ か る だ ろ う ー
ファ ド ラ ド ファ ド ラ ド ミ ド ソ ド ミ ド ソ ド レ ラ ファ ラ レ ラ ド ラ ♭シ ファ レ ファ ♭シ ファ レ ファ
1.
F B♭ B♭m F C7 Fsus4 F
ド ファ ラ ド ♭シ ラ ラ ソ ファ ファ ド ファ ソ
アイ ビリーブ イン フュー チャー し ん じ て る
ラ ファ ド ファ ラ ファ ド ファ ♭シ ファ レ ファ ♭シ ファ ♭レ ファ ド ラ ファ ラ ド ♭シ ソ ♭シ ファ ド ♭シ ド ラ ファ
2.
F C7 F C
ファ ド ラ ラ ラ ラ ソ ソ ラ ソ
る い ま ー み ら いの ー と び ら
ファ ド ラ ド ♭シ ラ ソ ファ ド ラ ド ファ ド ラ ド ミ ド ソ ド ミ ド ソ ド

*1 アルペッジョ（arpeggio） 和音の各音を同時にではなく、順番に演奏する　*2 フェルマータ（fermata） 音符または休符を十分に延ばす。延長記号

さよならマーチ

作詞：こわせたまみ　作曲：高井達雄

NHK『おかあさんといっしょ』のエンディングテーマとしてなじみ深い歌。視聴者の人気も高く、1984（昭和59）〜1992（平成4）年の９年間という長きにわたって愛唱されました。

G　G7　C　Cm　G　D7　G
f
mf
G　D
1. あ か る い そ ら　ヤ ヤ ヤ ー　ま ぶ し い く も
2. に こ に こ ぼ く　ヤ ヤ ヤ ー　あっ は は は き み
D　G　G7　C　Cm
ヤ ヤ ヤ ー　き み が　て を ふ る
ヤ ヤ ヤ ー　な らん で　て を ふ る

G D G C G
シ ソ レ ラ ♯ファ レ ソ ソ ソ ソ ミ ソ ソ ソ ソ レ ソ ソ ♯ファ ソ
ぼ く が て を ふ る さ よ な ら の さ よ な ら の マ ー チ
そろっ て て を ふ る
A7 D G
ラ ラ シ ラ ラ レ レ レ ♯ド レ ミ レ ソ ソ ソ
だ こ う し ん だ
も う す ぐ ぼ く ヤ ヤ ヤ ー
あ る け ば ほ ら ヤ ヤ ヤ ー
D G G7
レ レ ♯ド レ ミ レ ラ ラ ラ シ シ ソ
も う す ぐ き み ヤ ヤ ヤ ー いち ね ん
う た え ば ほ ら ヤ ヤ ヤ ー いち ね ん
C Cm G D7 1. G 2. G
ミ ソ レ ド シ レ レ ラ レ レ ソ ソ ソ
せ い だ ぞ す ご い す ご い ぞ
せ い だ ぞ あ し た あ し た は
ff
*1

一年生になったら

作詞：まど・みちお　作曲：山本直純

1966(昭和41)年、NHK『うたのえほん』で発表されたのが最初です。新しいお友達や先生、ピカピカのランドセル…。１年生になったらどんな生活が待っているのでしょうか？

F Dm7 Gm C F Dm
f
ひゃく にんで たべたいな ふじさんの うえで
ひゃく にんで かけたいな にっぽんじゅうを
ひゃく にんで わらいたい せかいじゅうを
Gm C F Dm7
1.2. C7 F
おにぎりを ぱっくん ぱっくん ぱっくんと
ひとまわり どっしん どっしん どっしんと
ふるわせて わっはは わっはは
3. C7 F
わっははは
＞*1

*1 アクセント(accent) 特に強く演奏する

ドキドキドン！ 一年生

作詞：伊藤アキラ　作曲：桜井 順

1986(昭和61)年に、フジテレビ系『ひらけ！ポンキッキ』の中で歌われました。ドキドキ、ワクワクがいっぱいの小学校への期待にあふれた１曲です。

♩=116
C　G7　C
1. サクラさいたら　いちねんせい　ひとりで　いけるかな
2. チョウチョとんだら　いちねんせい　カバンは　おもいかな
3. ヒバリないたら　いちねんせい　ぼうしは　にあうかな
となりにすわるこ　いいこかな　ともだちに　なれるかな
ねむたくなったら　どうしよう　きゅうしょくは　うまいかな
あめのひかぜのひ　へいきかな　べんきょうも　するのかな

＊1 アクセント(accent) 特に強く演奏する

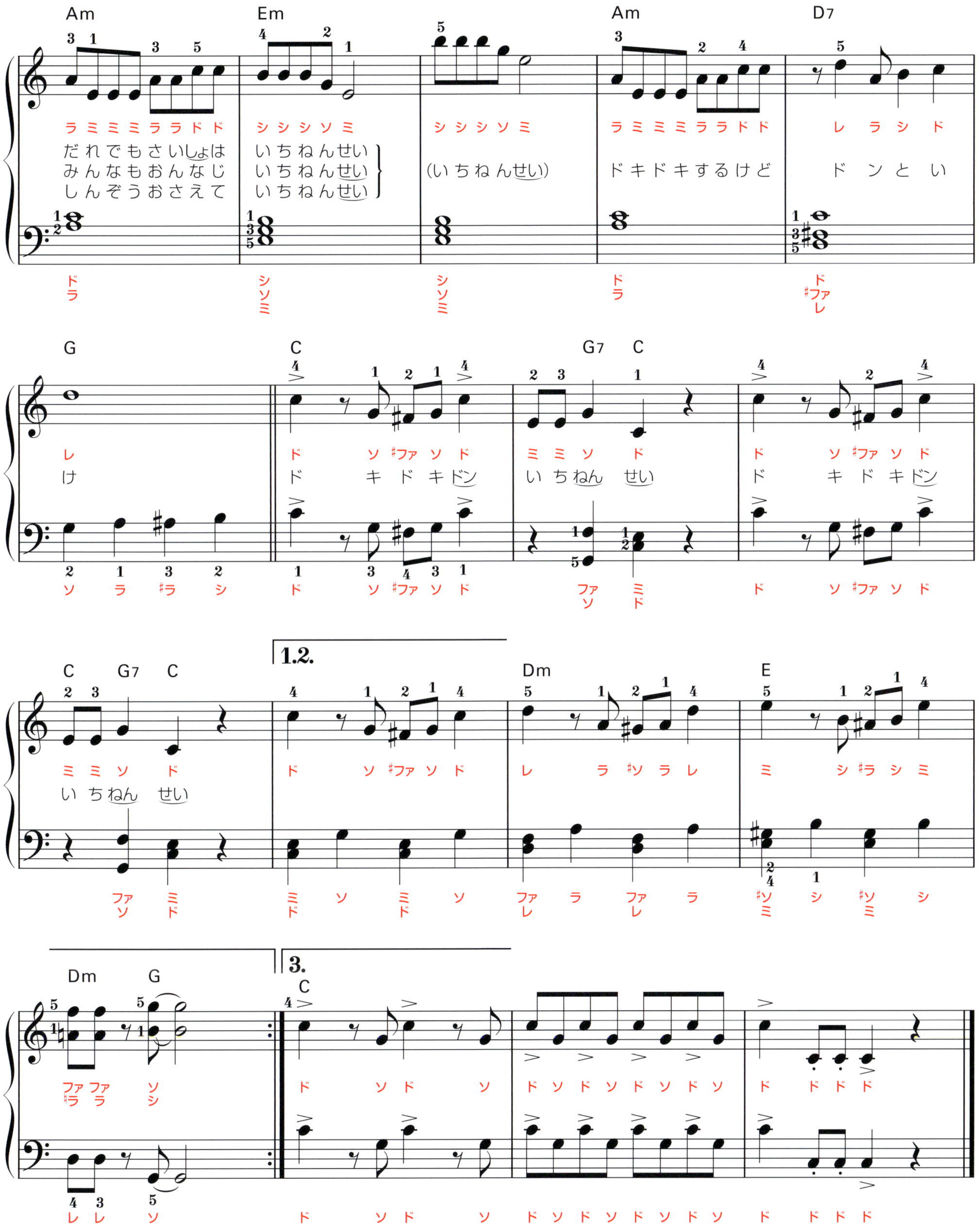
Am Em Am D7
ラ ミ ミ ミ ラ ラ ド ド
シ シ シ ソ ミ
シ シ シ ソ ミ
ラ ミ ミ ミ ラ ラ ド ド
レ ラ シ ド
だれでもさいしょは
みんなもおんなじ
しんぞうおさえて
いちねんせい
いちねんせい
いちねんせい
(いちねんせい)
ドキドキするけど
ドンとい
ド ラ
シ ソ ミ
シ ソ ミ
ド ラ
ド ♯ファ レ
G C G7 C
レ
ド ソ ♯ファ ソ ド
ミ ミ ソ ド
ド ソ ♯ファ ソ ド
け
ド キ ド キ ドン
い ち ねん せい
ド キ ド キ ドン
ソ ラ ♯ラ シ
ド ソ ♯ファ ソ ド
ファ ソ ミ ド
ド ソ ♯ファ ソ ド
C G7 C
1.2.
Dm E
ミ ミ ソ ド
ド ソ ♯ファ ソ ド
レ ラ ♯ソ ラ レ
ミ シ ♯ラ シ ミ
い ち ねん せい
ファ ソ ミ ド
ミ ド ソ ミ ド ソ
ファ レ ラ ファ レ ラ
♯ソ ミ シ ♯ソ ミ シ
Dm G
3.
C
ファ ♯ラ ファ ラ ソ シ
ド ソ ド ソ
ド ソ ド ソ ド ソ ド ソ
ド ド ド ド
レ レ ソ
ド ソ ド ソ
ド ソ ド ソ ド ソ ド ソ
ド ド ド ド

やさしい楽譜の読み方

演奏するテンポ（速さ）

♩=110　メトロノーム記号。1分間に♩を110拍（回）刻む速さで演奏します。

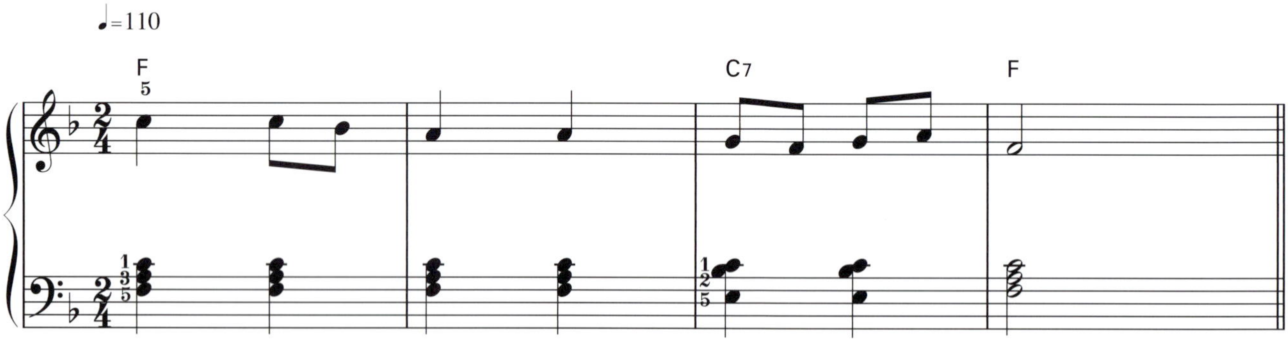

♩=110
F
5
C7
F
1
3
5
1
2
5

♩=120　1分間に♩を120拍（回）刻む速さで演奏します。　♪.♬=♩♪（³）　は楽譜の中の♪.♬を♩♪（³）（3連符）で演奏することを表します。

♩=120（♪.♬=♩♪）
C
3
1
4
3
4
3
G7
3
1
おい　でおい　でおい　でおい　で　パン　ダ　（パン　ダ）　おい　でおい　でおい　でおい　で

強弱記号

音の強弱の程度を表します。

弱

ppp	pianississimo	ピアニッシシモ	*pp*より弱く
pp	pianissimo	ピアニッシモ	ごく弱く
p	piano	ピアノ	弱く
mp	mezzo piano	メゾ・ピアノ	やや弱く
mf	mezzo forte	メゾ・フォルテ	やや強く
f	forte	フォルテ	強く
ff	fortissimo	フォルティッシモ	ごく強く
fff	fortississimo	フォルティッシシモ	*ff*より強く

強

演奏のしかた

＊スラー slur ＊

音と音をなめらかに続けて演奏することを「レガート」(legato) といい、「スラー」と呼ぶ弧線をつけて表します。

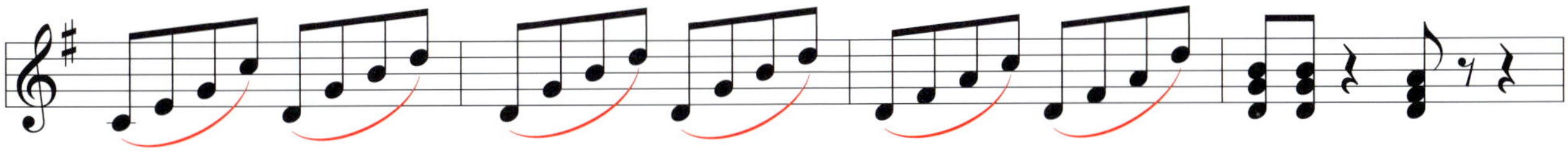

＊タイ tie ＊

同じ高さの音を弧線で結ぶと「タイ」となり、つないで演奏します。

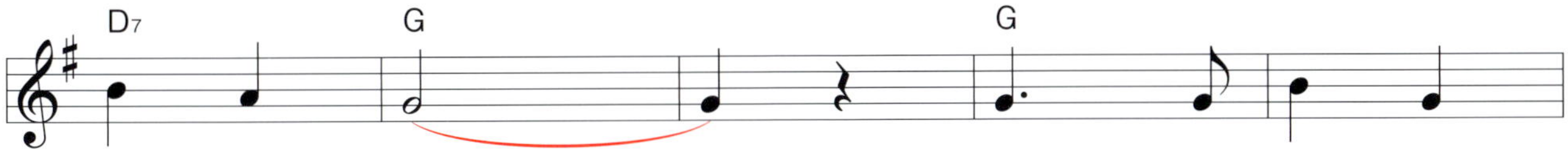

＊アクセント accent ＊

とくに強く演奏する音符の上(または下)に「>」をつけます。

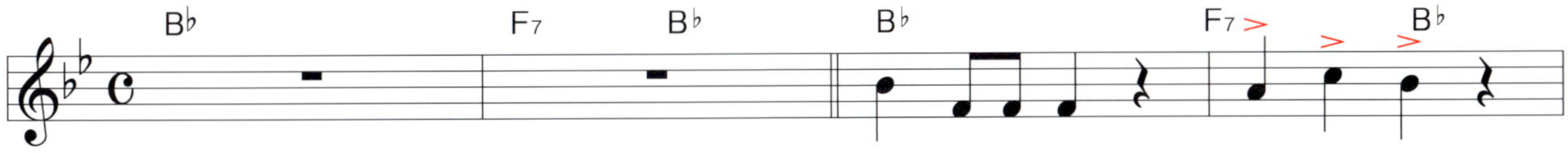

＊スタッカート staccato または stacc. ＊

音を短く切って演奏するとき、音符の上(または下)に「・」をつけます。

＊クレッシェンド crescendo　と　ディクレッシェンド decrescendo ＊

「＜」(クレッシェンド)はだんだん強く、「＞」(ディクレッシェンド)はだんだん弱く演奏します。

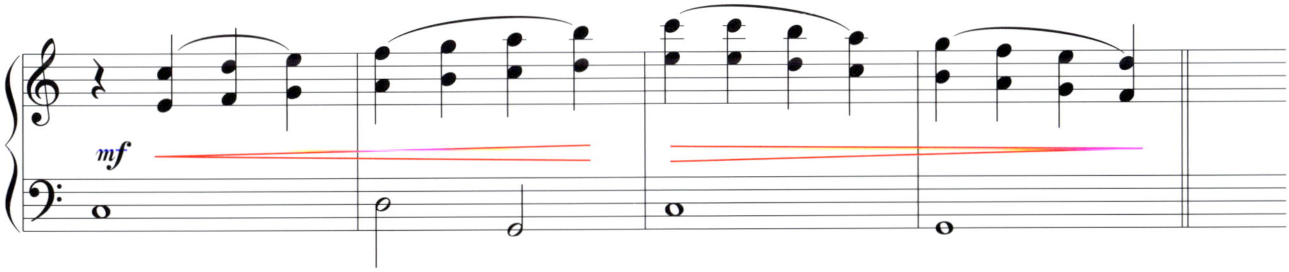

＊テヌート tenuto または ten. ＊

音符の長さを十分に保って演奏するときは、音符の上（または下）に「一」をつけます。

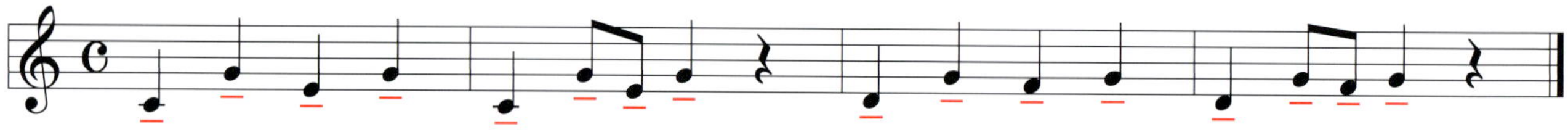

＊グリッサンド glissando または gliss. ＊

高さの違うひとつの音からもうひとつの音へ、すべらせるように連続的に演奏することです。

＊分散和音（アルペッジョ arpeggio）＊

和音を構成する音を低い方から高い方へ（または高い方から低い方へ）1 音ずつ演奏することをいいます。

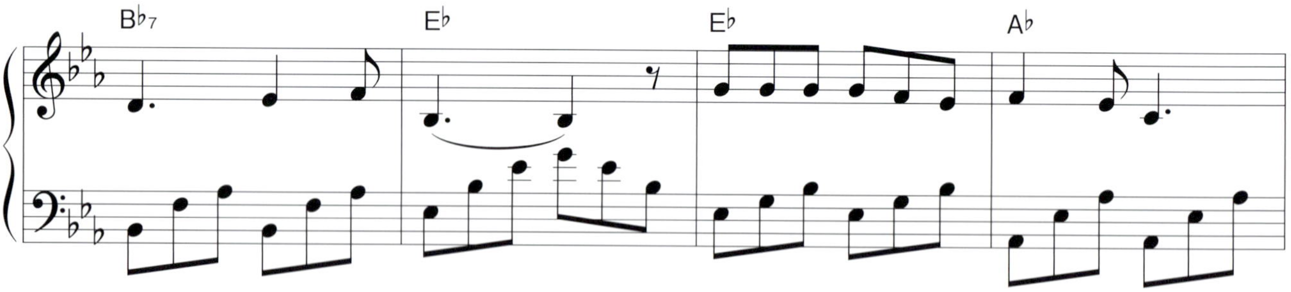

＊フェルマータ fermata ＊

曲のテンポを超えて、音符や休符を十分に長くのばすときにその上（または下）に「𝄐」をつけます。

くり返す記号

＊リピート記号（反復記号）＊

くり返す小節のはじめに「𝄆」を、終わりに「𝄇」を表記します。曲のはじめからくり返すときは、「𝄇」だけを表記します。

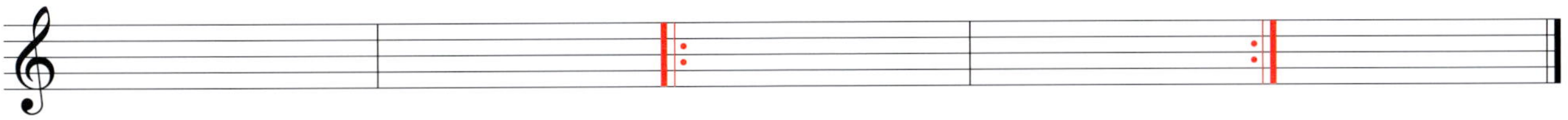

くり返す小節の終わりの部分が違うときは、1.（1回目に演奏）、2（2回目に演奏）を表記して区別します。

以下のようなときは、2回くり返し、3回目に 3. を演奏することになります。

＊ D.C.（ダ・カーポ da capo）＊

D.C. のところで曲のはじめに戻り、「Fine」（フィーネ）または「𝄐」で終わります。

＊ D.S.（ダル・セーニョ Dal Segno）＊

D.S. のところで「𝄋」まで戻り、「Fine」（フィーネ）または「複線上の 𝄐」で終わります。

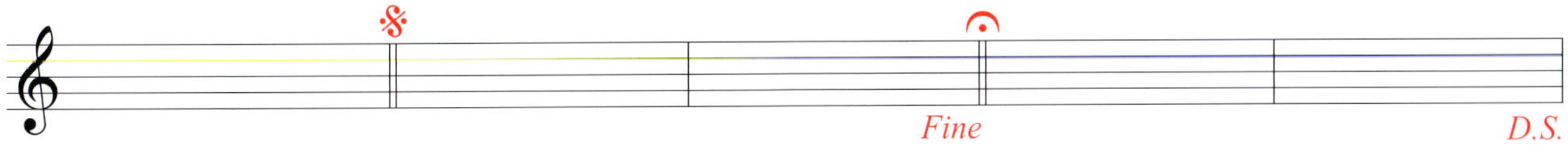

＊ Coda 𝄌（コーダ）＊

D.C. または D.S. でくり返した後、to 𝄌 から 𝄌 Coda へと進みます。

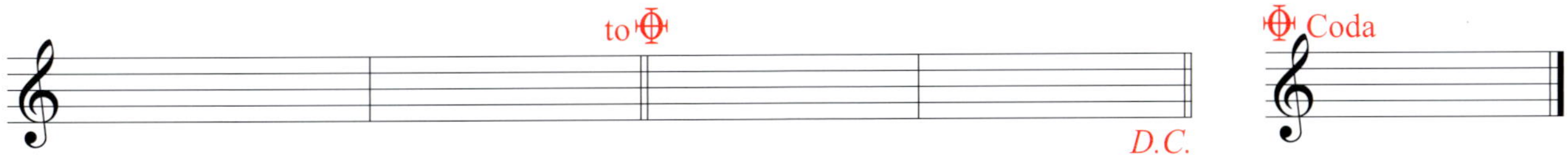

音階の上にできるコード

長音階

ハ長調

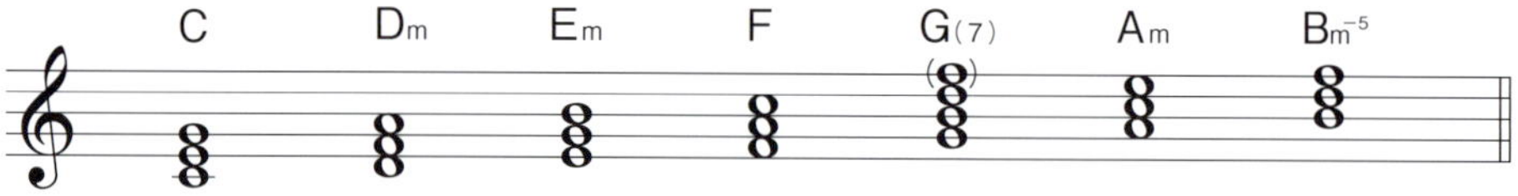
C
Dm
Em
F
G(7)
Am
Bm−5

ヘ長調

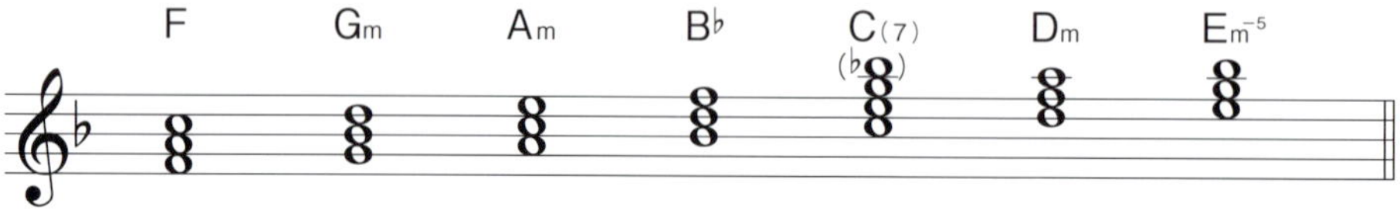
F
Gm
Am
B♭
C(7)
Dm
Em−5

変ロ長調

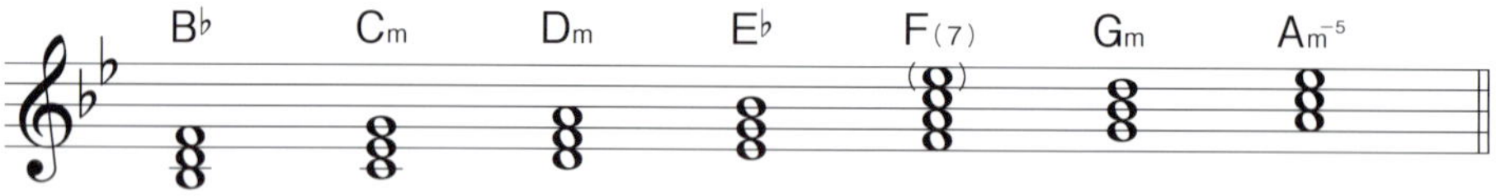
B♭
Cm
Dm
E♭
F(7)
Gm
Am−5

変ホ長調

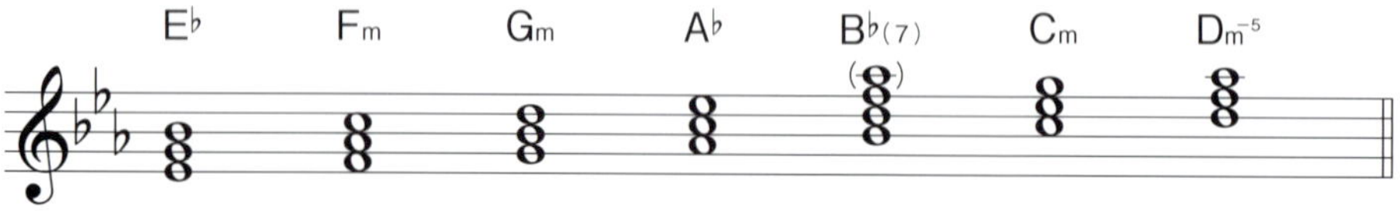
E♭
Fm
Gm
A♭
B♭(7)
Cm
Dm−5

ト長調

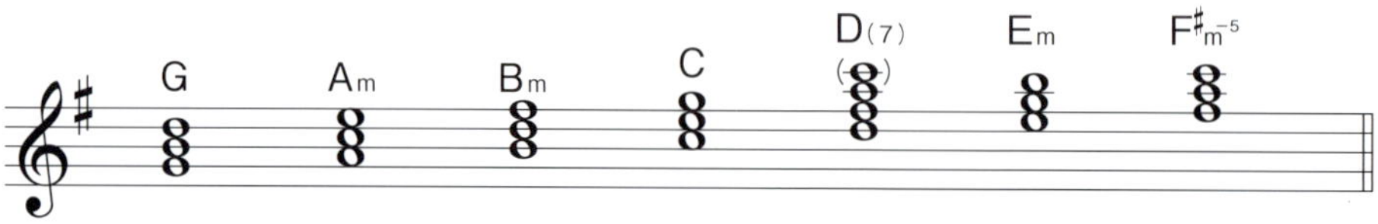
G
Am
Bm
C
D(7)
Em
F♯m−5

ニ長調

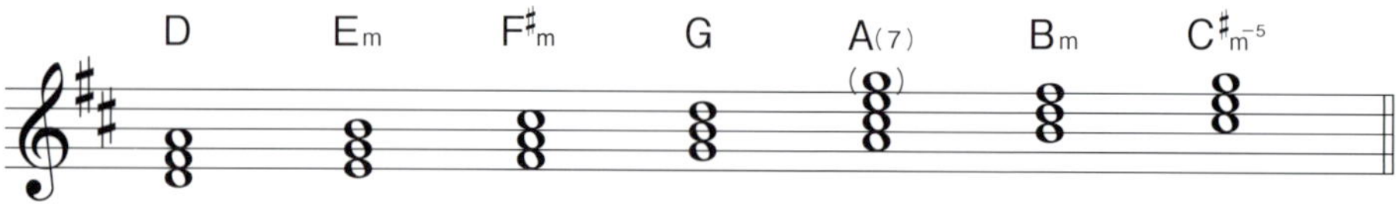
D
Em
F♯m
G
A(7)
Bm
C♯m−5

イ長調

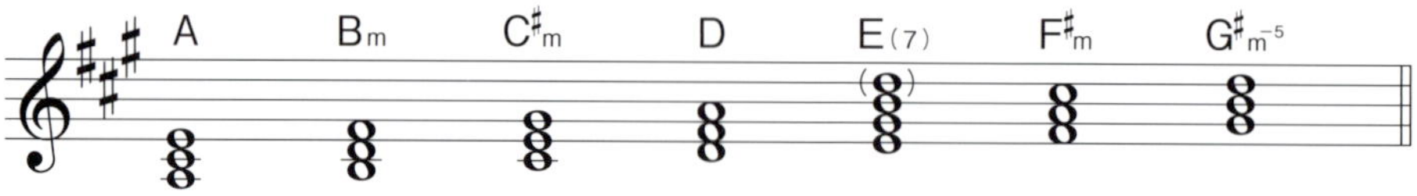
A
Bm
C♯m
D
E(7)
F♯m
G♯m−5

短音階

イ短調

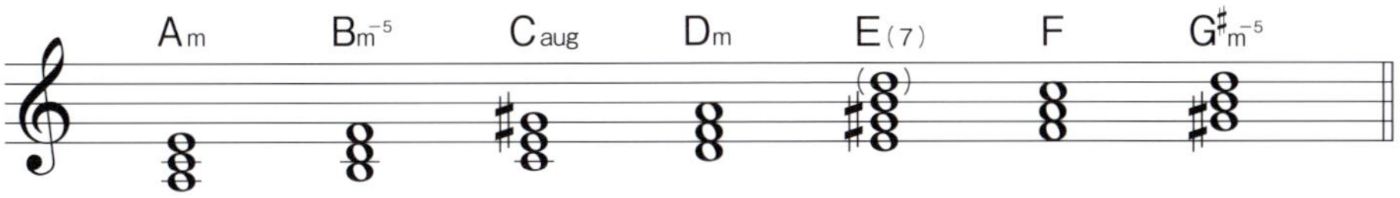

ニ短調

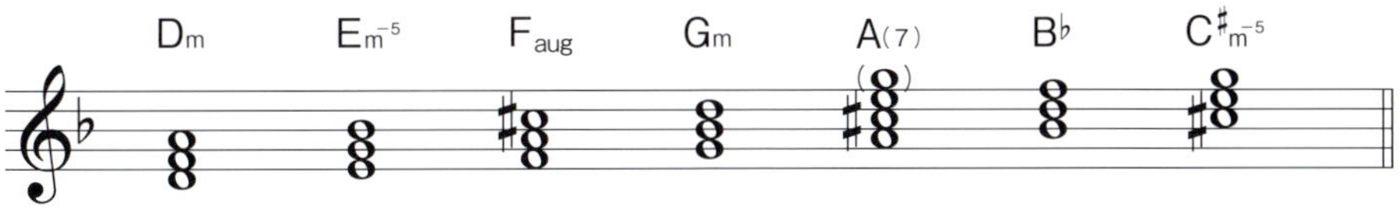

ト短調

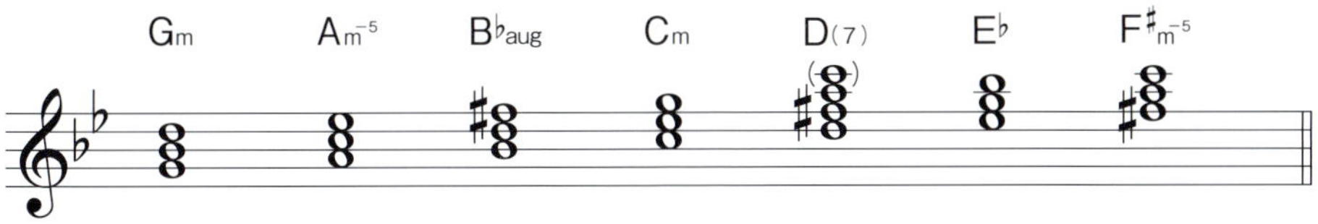

ハ短調

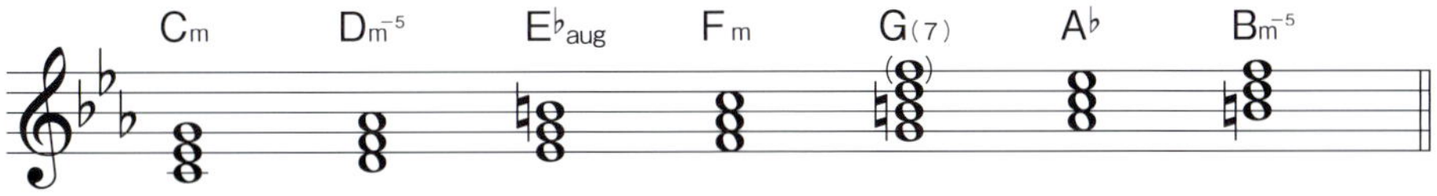

ホ短調

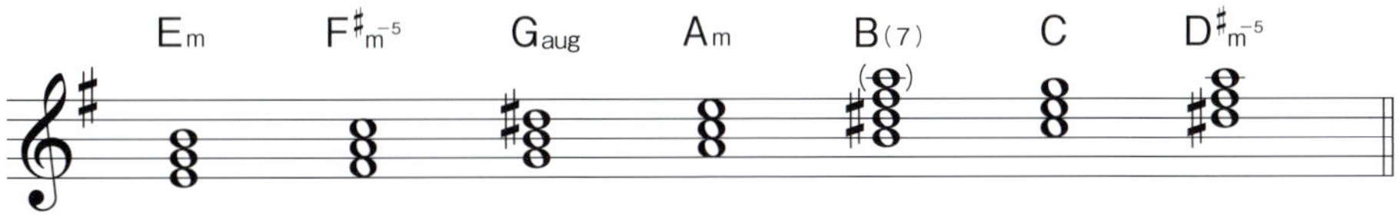

ロ短調

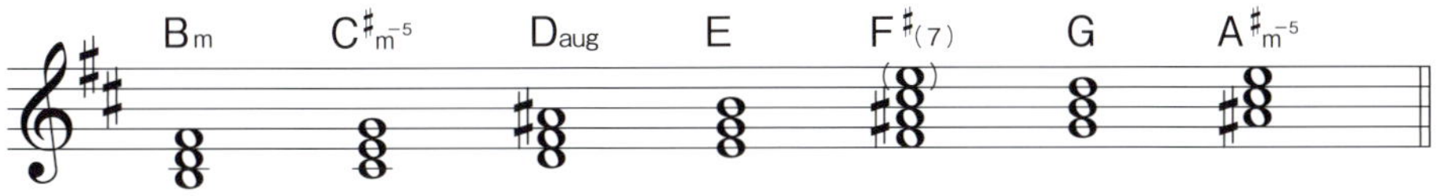

嬰ヘ短調

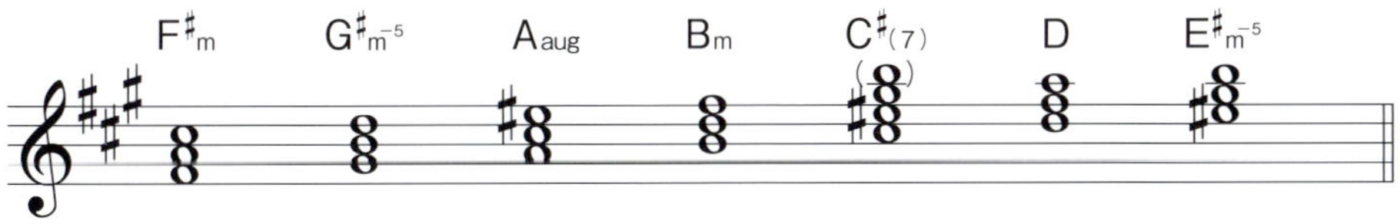

各調（キー）の「ドレミファソラシド」の上にできるコード（三和音）を掲載しています。三和音はコードの基本。その他、さまざまなものがありますから、さらに学びたいときはコード・ブックなどを求めるといいでしょう。

50音順 さくいん

歌い出しさくいん

編曲
河本芳子（かわもと よしこ）

エリザベト音楽大学音楽学科卒業。大学卒業後、ヤマハ音楽教室にて講師を務める。パンスクール・オブ・ミュージック　アレンジング＆コンポジションコース卒業。近年まで同スクールでピアノおよびソルフェージュの講師として後進の指導にあたる。ピアノ・ソロ、弾き語りアレンジ、ジャズ・コピー譜等、出版多数。クラシック、ポピュラー、ジャズ、ラテン等、ジャンルを問わず、アーティストへの楽曲提供、イベントBGM、舞台の劇伴作曲をはじめ、ピアノ、合唱、室内楽、ブラスバンド、オーケストラの編曲なども手がけている。

アドバイザー
小泉八重子（こいずみ やえこ）

八重子レクリエーション研究所所長、元ひまわり保育園園長（神奈川県大和市）。保育士や親子向けの研修会、講演等を通して保育現場の要望にそった幅広い活動を行う。子どもたちからの人気も絶大。共著「みんなのレクリエーションゲーム集」（新星出版社）、監修「DVDのお手本つき 手あそびうたあそび」（同）等。

本書の内容に関するお問い合わせは、**書名**、**発行年月日**、**該当ページを明記**の上、書面、FAX、お問い合わせフォームにて、当社編集部宛にお送りください。**電話によるお問い合わせはお受けしておりません。**
また、本書の範囲を超えるご質問等にもお答えできませんので、あらかじめご了承ください。
FAX：03-3831-0902
お問い合わせフォーム：https://www.shin-sei.co.jp/np/contact.html

JASRAC 出1101956-537

やさしく弾けるピアノ伴奏　保育のうた12か月

2025年4月5日　発　行

編　者　新星出版社編集部
発行者　富永靖弘
印刷所　誠宏印刷株式会社

発行所　東京都台東区台東2丁目24　株式会社　新星出版社
〒110-0016　☎03（3831）0743

ISBN978-4-405-07139-1